Mai 2008
Charly.

Nicolas Beau et Catherine Graciet

Quand le Maroc sera islamiste

La Découverte
9 *bis*, rue Abel-Hovelacque
75013 Paris

Les auteurs tiennent à remercier Marie Goupy pour ses précieuses recherches documentaires.

ISBN 10 : 2-7071-4452-5
ISBN 13 : 978-2-7071-4452-2

À tous nos amis marocains.
Et à nos amis du Journal-Hebdo *à Casablanca*
ainsi qu'à ceux du site bakchich.info à Paris,
qui se battent pour une information libre
sur le Maroc.

Introduction

Mamounia blues

« Je ne comprends pas cette malédiction qui nous poursuit. Je suis triste pour mon pays. Il est riche et ses habitants sont pauvres. Regarde dans quel état l'ont laissé des décennies de mauvaise gestion. Par quel miracle tient-il encore debout après toutes ces années de gabegie ? Les gens honnêtes sont systématiquement écartés, s'ils ne sont pas purement et simplement écrasés. »

Lamrini Rida, *Les Puissants de Casablanca*,
Marsam, Rabat, 1999.

Le 23 juillet 1999, le roi Hassan II disparaît après trente-huit années d'un long règne. Son fils aîné, Mohammed VI, lui succède sur le trône. Au Maroc et en France, beaucoup veulent croire à l'avènement d'un régime rajeuni, purifié. Plus encore que sous Hassan II, le Maroc serait devenu un rempart contre les forces de l'islamisme, perçu comme une grave menace, dont la répression a ensanglanté l'Algérie toute proche. Au sein d'un monde arabe et musulman en quête de nouveaux équilibres, le royaume chérifien est considéré comme le laboratoire de la modernité.

Et Dieu sait si, en France, des petits télégraphistes entretiennent le mirage marocain. De Dominique Strauss-Kahn, prodiguant ses conseils à l'entourage royal, jusqu'à Bernard-Henri Lévy, recevant en voisin à Marrakech Sa Majesté Mohammed VI. Mais les Français heureux propriétaires de riads luxueux à Marrakech ne sont pas les seuls amis du Palais. Aux États-Unis, les principaux *think tanks*, notamment ceux qui sont proches de l'administration républicaine, veulent croire au rôle moteur du Maroc en matière d'avancées démocratiques. Que de bonnes fées, que de célébrations, que d'encouragements pour ce royaume enchanté où progresseraient dans un même élan le statut de la femme, le pluralisme démocratique et l'économie de marché...

Lettres de sang

Hélas, le Maroc nouveau ne va guère ressembler au pays idéal qu'on nous a décrit. Le 16 mai 2003, une opération terroriste de grande envergure frappe Casablanca. Bilan, quarante-cinq morts et plus d'une centaine de blessés. Le Maroc ne constitue plus l'exception arabe, le royaume fait partie des pays otages du terrorisme. Et au premier rang d'entre eux.

Moins d'un an après les attentats de Casablanca, un autre carnage atteint, le 11 mars 2004 à Madrid, des trains de voyageurs. Le bilan est encore plus lourd : cent quatre-vingt-onze morts et mille quatre cents blessés. Là encore, les vingt-neuf auteurs des attentats sont pour la plupart marocains, souvent originaires de la région de Tanger.

Sous le règne d'Hassan II, le Maroc passait pour un havre de paix et de tranquillité. Le rêve de Sa Majesté avait pris corps. L'Algérie s'effondrant sous la double pression des groupes islamistes radicaux et des forces de sécurité, le royaume chérifien devenait l'interlocuteur privilégié des Occidentaux. Ce monarque éclairé ne recevait-il pas le pape Jean-Paul II ? Ne s'entourait-il pas de conseillers juifs, artisans du dialogue entre Israéliens et Palestiniens ? La monarchie marocaine était un roc, l'ultime bastion contre les menaces fondamentalistes. À la fois fascinant et ambigu, ce souverain des Mille et Une Nuits flattait le sentiment monarchique des Français. Exotique, magique, millénaire, le Maroc faisait recette. Reçus fastueusement dans le superbe palace de la Mamounia à Marrakech – où le ministre français des Affaires étrangères passait encore ses vacances de Noël 2005, tous frais payés, comme l'avait révélé *Le Canard enchaîné* –, les Occidentaux jugeaient le Maroc performant, notamment sur trois fronts : l'éradication progressive de la drogue, la lutte contre l'immigration clandestine et la guerre contre les réseaux intégristes violents.

Or, aujourd'hui, les nombreux experts que nous avons consultés des deux côtés de la Méditerranée ont totalement réévalué leurs positions par rapport aux capacités de défense du royaume. Force est de constater que l'allié marocain a pris du plomb dans l'aile. Le Maroc est devenu le premier producteur mondial de haschich. D'après l'Office central pour la répression du trafic illicite des stupéfiants, 4 500 tonnes de shit arrivent chaque année du Maroc en France, et tout le monde à Tanger et à Rabat semble s'en accommoder. Les premiers bénéficiaires de ce trafic ne sont-ils pas les piliers des classes dirigeantes marocaines, comme nous le démontrerons dans ce livre ?

Autre faiblesse, du point de vue des instances dirigeantes européennes, le royaume est devenu le passage préféré, *via* les côtes espagnoles, des clandestins venus d'Afrique qui se pressent derrière les barbelés meurtriers des enclaves espagnoles de Ceuta et Melilla. À Paris, la coopération avec les autorités marocaines est jugée particulièrement déficiente en matière d'expulsion de sans-papiers. Le Quai d'Orsay s'en est encore plaint à Rabat, à la mi-2006 : les autorités consulaires marocaines ne délivrent que 30 % des demandes françaises de laissez-passer de reconduites à la frontière, contre 45 % pour l'ensemble des pays concernés, et jusqu'à 70 % pour les Algériens.

Mais, surtout, les plus lucides des dirigeants occidentaux ont compris – même s'ils se gardent bien de l'avouer publiquement – que le paysage social et politique du pays de Mohammed VI a connu depuis les années 1990 une mutation profonde, et qu'il pourrait bien « basculer » : à leurs yeux, face à l'islamisme, le Maroc se retrouve dans la situation qui était celle de l'Algérie à la veille des élections de 1991, lorsque le Front islamique du salut (FIS) représentait une majorité de la population algérienne. Si le panorama est en vérité plus complexe, il est indiscutable qu'une impressionnante fièvre religieuse a gagné le Maroc, et cela sous trois formes bien distinctes.

Première illustration, un parti islamiste toléré et même instrumentalisé par le pouvoir, le Parti de la justice et du développement (PJD), pourrait bien rafler la mise lors des élections législatives qui devraient avoir lieu en 2007 – si celles-ci sont transparentes et démocratiques. Deuxième pôle, beaucoup plus radical et hostile à la monarchie, celui de la mouvance fondamentaliste de « Justice et

Bienfaisance[1] », mobilisant des dizaines de milliers de militants convaincus, qui ont investi le champ social et associatif. Là où l'État a massivement déserté. Troisième composante enfin de cette propagation de l'islam, beaucoup plus minoritaire mais bien plus dangereuse, celle des courants radicaux qui commencent à infiltrer la société, au point que le Maroc semble être devenu le premier exportateur d'apprentis terroristes en Europe et dans le Sahel.

Un des patrons de l'antiterrorisme en France, resté un des experts en la matière auprès de la Direction générale de la police nationale (DGPN), nous expliquait encore en octobre 2006 : « En matière d'intégrisme, la Tunisie a tout verrouillé et nous ne craignons rien. L'Algérie a réussi à crever l'abcès au prix d'énormes souffrances et de 150 000 morts. Le problème est derrière. En revanche, le Maroc est la région qui est, de loin, la plus inquiétante. Je ne comprends pas tous ces Français qui vont acheter un riad à Marrakech, moi, je ne le ferais pas. Souvent, ceux-là expliquent : mais les Marocains sont si gentils ! C'est vrai, ils sont gentils, mais la situation est dangereuse[2]. » Et le même grand flic d'ajouter : « Le Maroc, c'est la Russie en 1916. »

---

1 « Justice et Bienfaisance » est la traduction de l'arabe *Al-'adl wal-Ihsân*. En français, ce mouvement est habituellement désigné par ce nom. Toutefois, depuis le début de 2006, ses dirigeants préfèrent qu'on les appelle « Justice et Spiritualité », car, estiment-ils, cela reflète mieux leur programme. Nous nous en tiendrons dans ce livre à l'appellation française utilisée de longue date par tous les spécialistes du Maroc.

2 Entretien avec l'un des auteurs, 18 octobre 2006.

Coup de tonnerre

Fin juillet 2006, les services marocains affirmaient qu'ils avaient découvert de nouvelles cellules terroristes : cinquante-deux personnes étaient arrêtées, dont une petite dizaine de militaires et de policiers. Deux épouses de pilotes de Royal Air Maroc étaient également interpellées. Les autorités de Rabat prétendaient même que des attentats ciblés étaient prévus contre des personnalités du régime, officiellement des ministres.

Du coup, les services de renseignement de l'armée ont été entièrement réorganisés et leur patron, le général Mohamed Belbachir, brutalement écarté. Le 14 septembre, le système sécuritaire était lui aussi réorganisé avec, entre autres, la révocation du puissant général Hamidou Laânigri, directeur général de la Sûreté nationale, relégué au poste infamant d'inspecteur général des forces auxiliaires, autrement dit la surveillance des cordons de sécurité... C'est dire à quel point le régime paraît fragilisé.

Même une partie de la presse française, qui regardait le Maroc avec les yeux de Chimène, commence à réaliser l'étendue des périls. Ainsi Raphaël Mergui écrit-il alors dans l'hebdomadaire *Marianne* [3], qui ne passe pas pour très antimarocain : « L'islamisme radical recrute désormais autant dans les quartiers huppés ou les casernes que dans les bidonvilles. Et c'est nouveau [4]. » C'est nouveau en tout cas pour les lecteurs de *Marianne*, dont le patron Jean-François Kahn passe volontiers ses réveillons avec DSK et BHL dans

---

3 Un des principaux actionnaires de *Marianne* fut longtemps Robert Asseraf, ancien directeur général de l'ONA, la holding qui regroupe les actifs de la famille royale.

4 *Marianne*, 9-15 septembre 2006.

les luxueux riads de Marrakech. Et le journaliste de conclure : « Les jihadistes sont en train de faire leur miel des frustrations et des rancunes de tous ceux qui ont perdu un peu de pouvoir et d'influence. Sans parler de ceux qui n'en ont jamais eu. »

Les élites marocaines ne peuvent plus s'exonérer à bon compte de ces menaces islamistes, en dénonçant un peu facilement la pieuvre d'Al-Qaida dont les racines plongeraient loin, très loin du Maroc, quelque part entre Djedda et Lahore. Le terrorisme est un acte dévoyé, monstrueux, absurde, mais il reflète d'abord le naufrage de la société qui l'a engendré. C'est la réponse irrationnelle à une situation irrationnelle de blocage et de désespoir. Le nihilisme qu'il traduit reflète le vide d'un pouvoir sans projet. Impunité, dénégation, double langage, servilité, verrouillage, enrichissement sans causes, autant de signes annonciateurs au Maroc d'un délitement général.

D'où la question qui a hanté les auteurs de ce livre : le *Titanic* marocain ne foncerait-il pas vers l'iceberg ? Pourquoi la moitié de la population vit-elle encore en dessous du seuil de pauvreté dans les gigantesques bidonvilles de la périphérie de Casablanca et des grandes villes marocaines ? « Si les langues se délient au Maroc, les ventres sont toujours creux. » Cet aimable jugement n'émane pas d'un ennemi du royaume, bien au contraire. Il figurait dans un numéro hors série que les journalistes de l'hebdomadaire *Jeune Afrique*, au mieux avec les autorités marocaines, ont fait paraître au printemps 2005.

Les notes et rapports confidentiels que les auteurs de ce livre se sont procurés montrent l'étendue du désastre économique. Ainsi, au printemps 2005, les experts du cabinet McKinsey engagés par le gouvernement marocain sont arrivés à la conclusion que le pays avait simplement raté le coche de la mondialisation et ne présentait plus aucun avantage compétitif.

Face à la montée des périls, les élites marocaines ne veulent rien apprendre, rien oublier, et surtout pas abandonner leurs sinécures dorées. La bourgeoisie francophone de Casablanca se prélasse sur les terrasses fleuries du quartier résidentiel d'Anfa. Le gotha parisien se presse au festival de cinéma de Marrakech, avec en têtes d'affiche Djamel Debbouze et BHL. Le conseiller du roi, André Azoulay, qui incarna, à la fin du règne d'Hassan II, l'espoir d'un redressement du royaume, pérore en Espagne, à la Fondation des trois cultures, sur la Méditerranée éternelle. Et une classe dirigeante sans scrupules vit en apesanteur.

Le sursaut ? Il aurait pu venir de l'ouverture politique d'Hassan II, poursuivie par Mohammed VI, qui augurait, selon certains, une vie parlementaire pluraliste et créative. Or il n'en a rien été. Le jeu politique se réduit toujours au jeu des cooptations et des répartitions de sinécures entre les vieux partis (l'Istiqlal et l'USFP) et quelques nouveaux venus comme les islamistes bien élevés et reconnus du PJD. Sur fond d'indifférence de la population : les élections de 2002 ont montré que la moitié des Marocains au moins ne prennent pas le chemin des urnes et ne se reconnaissent pas dans ces jeux stériles.

Dans les coulisses du pouvoir, le frère cadet de Mohammed VI, Moulay Rachid, ne reste pas inactif, toujours en contact avec les fils de l'ancien ministre de l'Intérieur d'Hassan II, le redouté Driss Basri, aujourd'hui exilé en France. Faute de base sociale, faute d'équipe et faute de vision, le cousin du roi, le prince Moulay Hicham, qui s'était posé en recours dans le cadre d'une évolution démocratique du régime, se fait quant à lui discret depuis 2005, partageant sa vie entre le Golfe et les États-Unis.

Une vaste névrose d'échec

La science politique devrait s'intéresser à la névrose d'échec qui a saisi tout un pays. Toujours remis à demain, le dossier du Sahara, un enjeu considérable pour la monarchie et largement sous-estimé à Paris, est emblématique de l'impuissance du régime. Le citoyen marocain constate avec stupeur que, trente ans après la « Marche verte » initiée par Hassan II en 1975 pour affirmer la marocanité de cette ancienne colonie espagnole et souder l'unité nationale, l'aventure n'est pas soldée. Longtemps, le régime a traîné pour résoudre le problème, espérant ainsi éloigner une armée de 130 000 hommes des centres de pouvoir après les deux tentatives de coup d'État de 1971 et 1972. « Enrichissez-vous », avait conseillé Hassan II aux généraux marocains, ponctionnez l'économie informelle et les gros contrats d'armements, mais ne vous mêlez plus de politique. Le calcul n'était pas sot. Sauf que le Sahara, pierre de touche du sentiment national, reste tiraillé par des forces centrifuges et peu désireux d'être placé sous l'ombrelle du royaume. Dernière humiliation, les villes de Ceuta et Melilla sont toujours sous contrôle espagnol.

Pourquoi tous ces blocages ? À quoi riment ces silences sur autant de désastres annoncés ? Comment le Maroc boude-t-il ses multiples potentialités ? Dès son avènement, Mohammed VI fut crédité des meilleures intentions du monde. Mais la machine n'a pas embrayé. Et le roi est apparu comme un velléitaire, qui conservait certains travers de son père, sans avoir hérité son sens de l'histoire. Car, au-delà de sa cruauté, Hassan II était bien ce « guetteur d'ombre, qui discerne les premières lueurs de l'aube, tragiques ou apaisées » que Michel Jobert, l'ancien ministre de Pompidou puis de Mitterrand, avait dépeint.

Avec ce mélange d'irrationalité et d'inversion des valeurs, de perte des repères et de vide des idées, le régime marocain est devenu une sorte de pouvoir mou, qui n'en finit pas d'accumuler des victoires à la Pyrrhus. La vérité, la voici : depuis le début des années 2000, la marmite marocaine a commencé à bouillir. Et à grosses bulles.

C'est de ces dangers que nous avons voulu rendre compte dans ce livre. Nous tenterons d'abord de décrire la réalité de la déferlante islamiste, en distinguant clairement les formes contrastées que prend cette fièvre religieuse. Car, en Europe, on pratique un peu vite l'amalgame entre les notables pieux, les fondamentalistes non violents et les poseurs de bombe. Leurs origines, leur ressort, une sorte de désespérance d'un peuple tout entier, sont les mêmes et leurs méthodes ont pourtant peu de points communs.

Ensuite, nous décrirons les origines des blocages économiques et sociaux que vit aujourd'hui le Maroc. Un peu d'histoire économique permettra de retracer la généalogie de cette gangrène qu'est la corruption, alimentée, on le verra, par les pratiques de grandes entreprises occidentales, dont beaucoup sont françaises... Ce pays dispose d'atouts immenses, mais aucun développement durable ne peut prendre racine dans un terreau affairiste aussi généralisé.

Enfin, avec la prudence qui s'impose, nous tracerons les scénarios possibles auxquels le Maroc pourrait être confronté dans les années qui viennent. Sans être devin, on peut affirmer que deux périls menacent le royaume : une révolution de palais, qui prétendrait juguler les périls d'une manière radicale, et l'arrivée en force des islamistes au pouvoir. Dans les deux cas, le Maroc perdrait assurément le savant dosage de tradition et de modernité qui fut sa force jusqu'à présent.

Entre ces deux écueils, il y a sans doute place pour la voie étroite de la réforme conduite par un roi qui aurait pris – enfin ! – conscience de la montée des périls. Le sursaut ne peut venir que d'en haut, au sein d'un royaume où les classes dirigeantes et leurs amis français paraissent englués dans une *dolce vita* aussi vaine que suicidaire.

I

La déferlante islamiste

1

Les poseurs de bombe

Le 16 mai 2003, cinq attentats-suicides simultanés ensanglantent la première ville du Maroc, Casablanca, en autant de points symboliques : une place de la vieille médina, l'hôtel Farah, La Casa de España, le club de l'Alliance israélite et un restaurant. On relève quarante-cinq morts (dont onze des quinze kamikazes) et des dizaines de blessés. Quelques semaines auparavant, des groupuscules avaient distribué dans les mosquées de la banlieue de Casablanca des tracts appelant à la mort des « mauvais » musulmans.

Les poseurs de bombe vivaient tous dans le bidonville de Sidi-Moumen, qui s'étend sur une dizaine de kilomètres carrés autour de Casablanca. Membres d'un groupe baptisé « Le Droit Chemin », tous les kamikazes étaient originaires plus précisément d'un baraquement nommé « Thomas » : un peu de tôle en guise de toit, des égouts inexistants, ni eau ni électricité, des fontaines sèches, des décharges à ciel ouvert et des eaux stagnantes. Des semblants d'habitations que, dans les quartiers résidentiels, on ne désigne que sous le nom de « Tchétchénie ». Dans une étude passionnante, le chercheur marocain Abdellah Tourabi a bien décrit la préparation de ces attentats [1].

Poudre, ferraille et clous

« Une brise printanière soufflait, ce vendredi 16 mai 2003, faisant légèrement claquer les drapeaux plantés au long des boulevards qui traversent la ville de Casablanca. Des portraits géants étaient adossés à la muraille de “Bab Marrakech” séparant l'ancienne médina du centre-ville, où poussent chaque année des tours vitrées, supplantant les vieux immeubles blanchâtres au style colonial, vestiges de la présence française au Maroc. La Ville blanche était richement parée ce jour-là, car elle fêtait comme tout le pays un événement particulier : la célébration de la naissance du prince héritier du royaume. À peine une semaine plus tôt, dans la nuit du 8 août, une salve de cent un coups de canon tirés du Palais royal de Rabat saluait la naissance de Moulay Hassan, fils de Mohammed VI et de Lalla Selma. Celui qui devait porter un jour le titre de Hassan III et devenir le seizième roi du Maroc, le symbole de la continuité de la dynastie alaouite qui gouverne le pays depuis quatre siècles. [...]

« Dans une maison située dans le quartier populaire d'Al-Massira, quinze jeunes hommes étaient réunis. Ils avaient passé toute la nuit du 15 mai à psalmodier des versets du Coran et à prier ensemble. Demain allait être un grand jour,

---

1 Abdellah Tourabi, *Les Attentats du 16 mai 2003 au Maroc. Anatomie d'un suicide collectif*, mémoire de DEA, Institut d'études politiques, Paris, 2003.

et il fallait implorer l'aide de Dieu et sa bénédiction. Le propriétaire de la maison s'est chargé d'apporter des repas composés de dattes et de lait pour certains d'entre eux, car les autres ont préféré jeûner ce jour-là. [...] Après la prière du *Maghreb* (coucher du soleil), le téléphone de l'un d'eux sonna, il apprenait par le "frère" chargé du repérage des lieux ciblés que tout était parfait et que l'opération pouvait commencer. Le groupe regardait alors un film décrivant les prouesses des moudjahiddine tchétchènes, *Jahim Al Rouss* (L'Enfer des Russes), l'un des films les plus prisés sur le marché de Derb Ghalef. Après avoir rasé leurs barbes et troqué leurs kamis et leurs djellabas pour des jeans, des pulls et des casquettes, les quinze bombes humaines ont reçu de nouvelles montres afin de régler et de synchroniser leur action et de ne laisser aucune marge à l'erreur... »

Suit une description précise des produits utilisés pour fabriquer ces bombes artisanales. « Chaque sac pesait entre deux et trois kilos et contenait une charge explosive que le kamikaze devait actionner au moment opportun. Ces bombes comprenaient un mélange d'engrais à base de nitrate de potassium, d'alcool, de poudre, de ferraille, de clous et de billes. Le sac renfermait également une bouteille remplie de liquide inflammable que son porteur devait faire sauter en cas de dysfonctionnement de la charge explosive. »

« Les kamikazes répartis en cinq cellules recevaient les dernières instructions. Chaque cellule conduite par un émir devait se diriger vers sa cible désignée. [...] "Rendez-vous au paradis" fut la dernière phrase proférée par les kamikazes, avant qu'ils ne se séparent en s'embrassant et en se donnant l'accolade, convaincus de la légitimité de leur dessein et de la rétribution divine qu'ils allaient recevoir de leur acte.

« En moins d'un quart d'heure et avec une synchronisation remarquable, douze déflagrations ont retenti dans cette paisible nuit printanière. Quelques minutes et parfois quelques secondes séparaient le déclenchement des charges explosives dans cinq lieux différents. » La surprise est totale.

Les conditions de vie qui règnent dans les bidonvilles marocains ont fabriqué des monstres. « L'explication de l'implantation de ces groupes dans les quartiers populaires, note Abdellah Tourabi, réside dans la nature de ces lieux et les rapports qu'entretiennent leurs habitants avec l'État. Ce dernier est complètement absent des quartiers. Il suffit de visiter un ou deux de ces bidonvilles pour s'apercevoir de la démission de l'État dans ces lieux. L'infrastructure élémentaire en matière d'électricité, d'eau potable, de voirie, de services sociaux est inexistante. Les habitants de ces bidonvilles doivent déployer une panoplie de ruses et de subterfuges pour subtiliser de l'électricité à partir des câbles servant à alimenter les résidences et les immeubles avoisinants. Toutefois, c'est l'absence de l'État en tant que police et garant de l'ordre et de la sécurité qui peut expliquer la prolifération de ces groupes dans les bidonvilles et les choix de leurs dirigeants de s'installer là-bas. »

Officiellement, les autorités marocaines vont immédiatement réagir en pointant l'intervention extérieure de cette pieuvre que serait devenue Al-Qaida. En affirmant tranquillement que le 16 mai 2003 était l'œuvre conjointe des plus puissants chefs terroristes de la planète, celui qui était alors le patron de la DST marocaine, le général Hamidou Laânigri, montre bien le système de défense de l'appareil sécuritaire marocain : l'ennemi, c'est Ben Laden, c'est l'étranger. Et tant pis si Laânigri et ses collègues sécuritaires n'apportent pas de preuves à l'appui de leur démonstration. Face à des journalistes de l'hebdomadaire marocain *Tel Quel* qui l'interrogent alors sur les preuves du complot, il répond cyniquement : « Je dis ce que je veux et vous n'y pouvez rien. J'ai une carte blanche et je m'en sers... »

Mission à Tripoli

En fait, les services marocains sont totalement dépassés par l'irruption de la violence terroriste, à commencer par le général Laânigri, qui va perdre son poste à la tête de la DST en raison de son incapacité à prévoir puis à comprendre l'événement. « La morphologie des bidonvilles, avec des ruelles entrelacées formant parfois d'innombrables dédales qui se relaient entre les différents blocs qui constituent le bidonville, explique Abdellah Tourabi, est à elle seule une raison dissuasive à l'intervention de la police dans ces lieux. Beaucoup de criminels recherchés par la justice trouvent refuge dans des bidonvilles dans une quiétude inébranlable [2]. » Autrement dit, « les forces de l'ordre au Maroc n'ont plus la réputation d'efficacité, accompagnée d'une infinie cruauté, qu'elles avaient du temps d'Hassan II ».

Traditionnellement, les généraux algériens endossaient aux yeux des Occidentaux les habits du mauvais élève de la classe maghrébine en matière de lutte contre le terrorisme. Dans les années 1990, l'Algérie est en effet plongée dans une effroyable guerre civile, faisant au moins 150 000 morts et des milliers de disparus. En 1995, des attentats sanglants sont commis en France par des groupuscules algériens. Avec leurs moyens expéditifs et le bain de sang que l'on sait, les généraux algériens sont parvenus à « éradiquer » toute opposition islamiste. Tel n'est pas le cas du Maroc, qui est

2 *Ibid.*

désormais en première ligne face aux franges terroristes des « barbus ».

Le royaume d'Hassan II et de Mohammed VI est passé, un peu vite, pour un rempart contre les excroissances violentes de l'islam politique. Les attentats de Casablanca font prendre conscience de la réalité du danger ; la lutte contre les islamistes va s'intensifier au Maroc. À la suite des attentats, une vague d'arrestations et d'interpellations a lieu. Plus de sept cents prévenus sont présentés devant les tribunaux de Casablanca, Rabat, Fès et Tanger. Ce nombre considérable dément les déclarations officielles sur la nature ultraminoritaire des groupes radicaux au Maroc [3].

Les services marocains peinent à retracer les filières qui ont rendu possibles ces attentats. Une note des services secrets français, datée de mai 2003 et remise au ministère de la Défense, que nous nous sommes procurée, rend compte d'une conversation approfondie qu'une de leurs sources au Palais a pu avoir à l'époque avec Noureddine Benbrahim, alors numéro deux de la DST marocaine [4].

Selon cette note, le lendemain des attentats, cet officier est dépêché en Libye, où ont séjourné trois des membres du groupe terroriste pour y recevoir une formation religieuse dirigée par Abdelkrim Mouti, chef d'un mouvement extrémiste réputé lié à Al-Qaida. Ce dernier est bien connu des services marocains : dans les années 1970, cet enseignant, inspiré par le penseur djihadiste égyptien Sayyid Qutb, a

3 Les jugements définitifs sont très lourds : quatre condamnations à mort, trente-neuf condamnations à perpétuité, quinze condamnations à trente ans de prison.

4 En octobre 2006, Noureddine Benbrahim était toujours à la tête de la Direction des affaires générales (DAG), dépendant du ministère de l'Intérieur et chargée de traiter les informations remontant du circuit des walis, gouverneurs, caïds...

créé le mouvement de la jeunesse islamiste. Les militants qui le suivent sont actifs et violents contre les étudiants progressistes qui, à l'époque, ont le vent en poupe. En 1975, son organisation est responsable de l'assassinat d'Omar Benjelloun, l'un des responsables du parti socialiste marocain, l'USFP. Condamné à mort en 1980, Mouti s'enfuit du Maroc et se réfugie en Arabie saoudite, puis en Libye (voir *infra*, chapitre 3).

Le numéro deux de la DST marocaine obtient l'autorisation d'interroger Mouti, en présence du fils Kadhafi. En rentrant de Libye, Noureddine Benbrahim s'est fait sa religion : les attentats de Casablanca sont le résultat direct d'une manipulation des amis de Ben Laden. « Le Libyen Mouti a été explicite sur le fait que c'est Al-Qaida qui tire les ficelles, explique-t-il à l'époque à ses interlocuteurs français, et ces imbéciles de gamins qui se sont appelés "Al-Sirat al-Mostakim" ne sont que le bois de feu utilisé pour passer le message. »

Plus tard, les services marocains affirmeront avoir découvert de nombreuses passerelles, encore qu'assez ténues, entre les poseurs de bombe et Al-Qaida. Le fournisseur du cédérom qui a permis aux terroristes de confectionner les explosifs artisanaux serait bien connu dans la mouvance intégriste en Europe : Andrew Rowe, ancien de Bosnie, sera arrêté en octobre 2003 par les services britanniques. Un Franco-Marocain du nom de Karim Mejjati, abattu en Arabie saoudite en avril 2005 par les services saoudiens pour ses liens supposés avec Ben Laden, aurait joué également un rôle dans la préparation de ces attentats [5].

---

5 Officiellement, aucun étranger n'apparaît parmi les auteurs des attentats. En fait, la liste comptera un Émirati et un Saoudien, mais le Maroc préfé-

« Guéguerre de clans »

Une certitude, la DST marocaine est, pour la première fois de son histoire, « ébranlée », comme l'explique Benbrahim dans la note des services français : « Le roi [...] ne veut pas que Laânigri [alors le patron de la DST] et les autres commettent encore des erreurs qui ont montré des failles dans la constellation sécuritaire marocaine. Le roi a savonné Laânigri, Benslimane (patron de la gendarmerie) et Benhachem, directeur de la Sûreté nationale, qui étaient tout le temps en "guéguerre de clans" au lieu de faire leur travail. »

Après les attentats de 2003, le Palais est donc persuadé que ses services ont été dépassés par les événements. Des messages clairs sur les risques d'attentats auraient été envoyés, qui n'ont visiblement pas été reçus. « Le roi, poursuit Benbrahim, était dans tous ses états, lorsqu'il a appris très en retard l'avertissement lancé par le juge antiterroriste français [Jean-Louis] Bruguière quelques jours [avant les attentats], lors d'un séminaire de la firme française militaire Thalès, que le Maroc pourrait connaître de grosses opérations. Il est, selon ce magistrat, le maillon faible du Maghreb. » Que le juge Bruguière, vice-président du tribunal de Paris et pape de l'antiterrorisme en France, juge aussi mal l'allié traditionnel marocain est un véritable coup de poignard pour la monarchie.

Qui sont ces poseurs de bombe ? De jeunes chômeurs désespérés qui ont décidé, plutôt que de traverser la Méditerranée sur de frêles esquifs, de retourner leur révolte contre les symboles du pouvoir ? Ou bien des groupes

---

rera ne pas les citer, de peur de déplaire à ses amis du Golfe. C'est du moins ce qu'affirme là encore Noureddine Benbrahim à son contact de la DGSE française.

djihadistes influencés par la propagande d'Al-Qaida et dont certains ont été formés en Bosnie et en Afghanistan ? La réponse à cette question complexe doit être nuancée. Il s'agit de se montrer un peu plus subtil que le général Laânigri et ses amis : les attentats de 2003 sont d'abord le résultat de décennies de misère qui ont plombé l'avenir d'une grande partie de la jeunesse marocaine. Mais ils sont aussi naturellement le fruit de la propagande que déverse, *via* des groupuscules installés notamment en Europe, la mouvance djihadiste de Ben Laden et de ses disciples.

Ancien numéro deux de la DST française et spécialiste de l'islamisme marocain au sein du groupe de renseignement économique Geos, le commissaire Louis Caprioli nous explique : « Les islamistes algériens avaient fait leurs preuves, en menant la guerre sainte dans leur pays ; leur existence est ancienne, puisque les premiers groupes violents sont directement issus des maquis de Moustapha Bouyali, qui sévissait dès les années 1987 et 1988. Les Tunisiens avaient obtenu un titre de gloire en abattant le commandant Massoud en 2001. Les Marocains étaient en retard, il leur faut désormais exister, faire leurs preuves. C'est ce qu'ils ont fait ces dernières années [6]. » Et d'ajouter : les éléments marocains peuvent être aujourd'hui considérés « comme les plus dangereux ».

Les services marocains n'ont en tout cas rien vu venir. À leur décharge, la frange violente de la mouvance islamiste a avancé masquée. La mèche a été longue à s'allumer.

---

6 Entretien avec l'un des auteurs, septembre 2006.

Un havre de paix

Les premiers attentats terroristes au Maroc datent du mois d'août 1994 : des installations touristiques sont alors visées à Marrakech. L'enquête hâtive entraîne de nombreuses arrestations de jeunes d'origine algérienne, au Maroc comme en France ; le réseau avait en effet des contacts avec les groupuscules algériens qui, dans ces années-là, menacent la France.

Dans les années qui suivent, le Maroc paraît vivre à l'abri de la menace terroriste. Au printemps 2002 seulement, les services marocains arrêtent plusieurs membres présumés d'Al-Qaida. Le groupe envisageait d'attaquer, à l'aide de Zodiac chargés d'explosifs, des bâtiments des flottes américaine et britannique croisant dans le détroit de Gibraltar. Parmi les comploteurs, quatre sont de nationalité saoudienne, dont le chef du commando, El Gareh. Lequel lance avant de quitter les locaux de la DST de Temara : « Personne, pas même le Maroc, n'échappera au *mektoub* [destin] d'Allah. » Là encore, ces menaces ne sont pas vraiment prises au sérieux.

Et c'est dommage. Les conclusions complètes de l'instruction du juge Najim Binsami, magistrat à la troisième chambre du tribunal de Casablanca, sont en effet fort instructives. Les trois Saoudiens reconnus coupables ont raconté par le menu leur passage au camp de Farouk, où les partisans de Ben Laden ont pris le soin de rassembler de jeunes Marocains. Ils rencontrent Oussama Ben Laden et plusieurs de ses adjoints, qui leur conseillent d'épouser de jeunes Marocaines, pour créer des tribus de résistants.

Durant l'été 2002, des policiers et des magistrats symboles de l'autorité publique ou encore des alcooliques notoires s'étaient fait agresser à l'arme blanche. Les arrestations effectuées montrent qu'étaient visés les « mauvais musulmans », coupables de ne pas respecter les principes de la *charia*. L'émir du groupe est interpellé avec d'autres complices. Presque fortuitement, les flics marocains découvrent l'existence d'un groupe qui s'appelle « Salafia Jihadiya », le mouvement responsable des attentats qui vont ensanglanter Casablanca. Personne alors ne s'en inquiète vraiment.

Retour au pays

Le calme qui règne au Maroc jusqu'aux attentats de 2003 est naturellement trompeur. Ce qu'explique à sa façon le commissaire Caprioli : « De nombreux islamistes ont mené une activité réduite et clandestine au Maroc en développant, en façade, des formations religieuses dans les universités saoudiennes. »

Les liens entre le pouvoir marocain et le royaume wahhabite sont forts et anciens. C'est l'époque où le ministre des Habous et des Affaires islamiques, Abdelkébir Alaoui M'Daghri, ouvre la porte des mosquées à des religieux venus d'Arabie saoudite. Et des jeunes Marocains multiplient les séjours à Riyad ou Djedda. Fatale erreur ! « Certains de ces éléments, ajoute Caprioli, réapparaîtront ensuite comme prédicateurs radicaux ou comme participants à plusieurs structures clandestines de réseaux[7]. »

Apparu tardivement, le *djihad* dans sa version marocaine va s'épanouir rapidement. Un an après les attentats de Casablanca, on assiste, le 11 mars 2004, au carnage de Madrid. Les poseurs de bombe sont essentiellement

7 *Ibid.*

d'origine marocaine. Le prédicateur Mohamed Fizazi, qui forma certains des poseurs de bombe de Casablanca, dont les frères Benyaïch, aurait également assuré la formation du coordinateur des attentats de Madrid, Jamel Zougan [8].

Deux semaines plus tard, des arrestations liées au groupe qui a sévi en Espagne ont lieu en Belgique : encore des jeunes d'origine marocaine. Et ce n'est pas fini. Le 5 avril 2004, le réseau de Mustapha Baouchi, animateur du Groupe islamique combattant marocain (GICM) en Europe, est interpellé. Le 2 novembre, le cinéaste Théo Van Gogh est égorgé en pleine rue par le Néerlandais d'origine marocaine Mohamed Bouyeri, lié à Amsterdam au groupe d'extrémistes « Hofstad », venus du Maroc. La cellule est démantelée peu de temps après.

L'année 2005 voit les liens se renforcer entre les extrémistes marocains et algériens. En juin, l'arrestation du Marocain Hamid Bach à Montpellier a permis de mettre à jour l'envoi de « volontaires » vers l'Irak et des projets terroristes en Europe. Les connexions sont établies avec les Algériens du Groupe salafiste pour la prédication et le combat (GSPC), dont la menace s'étend notamment dans les pays du Sahel, en Mauritanie, au Mali ou encore au Niger – un groupe au demeurant étrange, dont beaucoup de spécialistes estiment qu'il est largement manipulé par le DRS, les services secrets algériens [9]. Toutes sortes de trafics

---

8 Sur les réseaux djihadistes, voir l'excellent ouvrage de Guillaume DASQUIÉ, *Al-Qaida vaincra*, Privé, Paris, 2005.

9 Voir notamment : Jeremy KEENAN, « Waging war on terror : the implications of America's "new imperialism" for Saharan peoples », *The Journal of North African Studies*, vol. 10, n° 3-4, sept.-déc. 2005 ; Omar BENDERRA, François GÈZE, Salima MELLAH, « L'"ennemi algérien" de la France : le GSPC ou les services secrets des généraux ? », Algeria Watch, 23 juillet 2005, <www.algeria-watch.org/fr/article/tribune/ennemi_algerien.htm>.

se développent au profit des groupes terroristes : armes, cigarettes, véhicules...

Toujours en juin 2005, cinq cents policiers espagnols lancent un vaste coup de filet à Barcelone et Valence. Sur seize intégristes arrêtés, quatorze sont marocains.

Enfin, des arrestations spectaculaires sont effectuées durant l'été 2006, dont celles de cinq militaires aptes à manier des explosifs. Curieusement baptisé « Jamaât Ansar El-Mahdi » (Groupe de soutien du *mahdi*[10]), ce réseau, jusqu'alors inconnu et qui opérait à partir de Casablanca et Salé, près de Rabat, se préparait, selon la version officielle, à déclarer la « guerre sainte » dans le nord et l'est du pays, dans les régions de Nador et de Ouezzane. La cellule ambitionnait de diffuser une bande vidéo, sur toutes les chaînes du satellite, proclamant l'État islamique. Ce qu'on a moins su, c'est que des attentats ciblés de hautes personnalités marocaines auraient été prévus. À la suite de ces arrestations, on l'a vu, plusieurs gradés en charge de la lutte antiterroriste ont été limogés.

Sous Hassan II, le Maroc était censé posséder un des meilleurs systèmes de sécurité au monde, au prix des pires méthodes. Or les attentats de Casablanca et de Madrid ont montré que ses responsables auraient un peu perdu la main : un symptôme évident de l'incapacité du pouvoir à remplacer un système de sécurité façonné par des décennies de dictature par un autre correspondant aux normes démocratiques.

Au début du règne de Mohammed VI, le Palais a en effet justement décidé de desserrer l'étreinte sécuritaire imposée

---

10 Le *mahdi* est le « messie » attendu par les musulmans chiites, alors que ce groupe est supposé s'inscrire dans la mouvance salafiste du sunnisme, réputée très hostile au chiisme.

par le fidèle second d'Hassan II, le ministre de l'Intérieur Driss Basri. Les *moqaddem*, ces agents subalternes qui surveillent les quartiers et distribuent les papiers, ont vu leur rôle amoindri ; les mauvais traitements et les tortures sont devenus moins systématiques. Sans que pour autant les municipalités, vidées de toute substance par Hassan II et Basri, puissent prendre le relais. Face aux périls, l'État marocain a déserté.

Inquiétudes occidentales

Autant de « dérives » qui inquiètent les grands services de renseignement occidentaux, les *think tanks* américains et français ainsi que les groupes privés occidentaux installés au Maroc.

Les inquiétudes des services français ne datent pas d'aujourd'hui. Dès le 4 février 1991, la DGSE rédige une note intitulée *Le Maroc dans la tourmente*. La guerre du Golfe vient d'être déclarée, Hassan II est encore au pouvoir et le danger islamiste est encore assez largement virtuel. Mais déjà la tentation existe à Rabat d'attribuer à des agents étrangers le malaise que connaît le pays (marqué en décembre 1990 par les « émeutes de la misère », violemment réprimées, à Fès, Tanger et Kénitra) ; déjà les services français pointent les dérives du système chérifien ; déjà le danger de la violence islamiste perce discrètement à l'horizon.

« Le monarque, expliquent les hommes de la DGSE, ne s'est pas trompé sur ce signal [les émeutes de décembre]. Il est apparu à la télévision désemparé, suppliant, faisant pour la première fois des fautes grossières dans son discours en arabe, perdant manifestement pied. Derrière les slogans anti-occidentaux et nationalistes arabes, c'est d'abord le système de pouvoir autocratique et de ses options depuis vingt-cinq ans qui est critiqué. »

Dès cette époque, le système monarchique était à court de projet. Le parallèle est saisissant entre l'analyse de 1991 et le malaise palpable quinze ans plus tard : « Le Palais n'arrive pas à trouver de solution à cette situation. Il use, sans conviction, d'artifices usés. L'appel au nationalisme marocain à travers la question du Sahara, qui a servi efficacement de remède universel pendant dix ans, ne fait plus recette. L'usage de la répression policière – on incarcère environ trois cents personnes pour des motifs politiques – n'impressionne plus, comme si chacun savait que les jours du régime sont comptés. » Et les observateurs français de noter les « impressionnantes premières apparitions » du mouvement islamiste marocain. Lequel, ajoutent ces experts, « reste faible, inorganisé, divisé ». « Il n'a encore, écrit la DGSE, secrété aucun leadership capable de fédérer les insatisfactions de tous ordres et de structurer une force de relève. Il use, sans la maîtriser, de l'image de l'Intifada, dans sa lutte contre l'Occident et le pouvoir, et son action s'apparente plus à la jacquerie qu'à une proposition d'alternance. »

Autre trait frappant pointé par les militaires des renseignements français, essentiellement préoccupés par le maintien de l'ordre et du *statu quo* au Maroc, une partie des élites dans l'armée et la bourgeoisie est alors tentée par un durcissement du régime : « La bourgeoisie marocaine vient de prouver qu'elle n'attendra pas que le mouvement lui échappe au profit d'une revendication populaire puissante, mais encore invertébrée. La seule force structurée, omniprésente, forte au Maroc, reste l'armée. C'est manifestement vers elle que la bourgeoisie d'affaires, comme les bazaris de Téhéran en 1978, va se tourner pour assurer la relève d'une monarchie déconsidérée, déstabilisée, qui par sa première reculade vient de prononcer sa propre condamnation. Le problème du Maroc est que la haute hiérarchie militaire, toujours suspecte d'intentions putschistes aux yeux du pouvoir, a systématiquement été privée de ses éléments les plus dynamiques, les plus imaginatifs et évidemment les plus critiques. Il demeure un corps d'officiers supérieurs et certains généraux corrompus, sans vitalité, sans personnalité marquante ou d'un poids suffisant pour s'imposer à une société bloquée dont tous les verrous, toutes les inhibitions disparaissent et dont les revendications d'identité et d'égalité éclatent de façon cataclysmique. »

Reste le péril, déjà pointé en 1991, d'une mouvance islamiste qui ne peut pas rester inerte. Une dizaine de lignes, soulignées, sont consacrées à cette hypothèse dans la note des services français : « C'est sans doute vers une alliance entre la revendication populaire et le corps des officiers subalternes et sous-officiers, longtemps frustrés, séduits par l'islamisme, que risque de s'articuler la relève du pouvoir au Maroc. L'inexpérience et la frénésie de ces forces trop longtemps contenues comportent les germes d'une imprévisible violence et peut-être de la rupture de l'unité du pays. Dans la tradition d'alternance au Maroc de l'ordre et de la confusion, une nouvelle ère de *siba* (insoumission) semble bien devoir succéder à trente années d'exercice incontesté du *Makhzen* (administration du Prince). »

Lorsque la misère côtoie l'opulence

Quinze ans plus tard, force est de constater que ce pronostic alarmiste, qui sous-estimait à l'évidence la puissance du Makhzen et de ses réseaux clientélistes, ne s'est pas concrétisé. Mais, s'il se trompait sur la temporalité, il n'en était pas moins prémonitoire, à en juger par les constats dressés dans les années 2000 par les diplomates et experts français.

C'est en 1997 que le groupe Suez-Lyonnaise des Eaux, grâce aux bonnes relations entre Jérôme Monod, son président d'alors, et le roi Hassan II, s'est vu confier la « gestion déléguée » de l'approvisionnement en eau potable d'un tiers des besoins de l'agglomération de Casablanca – contrat qui est, de l'avis général, plutôt une réussite [11]. Autant dire que les cadres de Suez sont aux avant-postes pour juger de la situation sur le terrain. Ainsi, lors des attentats de 2003, une bombe faisait exploser, le vendredi en fin de journée, le restaurant « La Casa de España ». Quelques heures auparavant, une dizaine de cadres de Suez déjeunaient dans cet établissement situé à quelques dizaines de mètres de leurs bureaux du Centre Hassan II. Le risque du terrorisme islamiste au Maroc est certainement plus une réalité pour ces expatriés que pour les propriétaires d'un riad à Marrakech.

Ainsi, au plus haut niveau du groupe, on se montre extrêmement inquiet sur la situation des quartiers les plus défavorisés de Casablanca : « On voit la misère la plus

11 Depuis, le groupe Suez s'est vu confier un tiers du ramassage des déchets de la ville et il était question en 2006 de lui confier l'électricité.

extrême et trois cents mètres plus loin l'opulence. Le Maroc est une vraie bulle qui peut exploser à tout moment [12]. »

Au cours de l'été 2005, des émeutes avaient éclaté lors d'un match de foot à Casablanca. La presse avait consacré à peine une brève à cette manifestation ordinaire d'hooliganisme. En revanche, le rapport rédigé par l'homme de confiance du groupe Suez sur place, un ancien capitaine de frégate, était beaucoup plus alarmiste. Dans une note interne et confidentielle de juillet 2005, il décrivait très lucidement la situation : « L'accumulation des déficits sociaux constitue toutefois la raison majeure de ces modes de contestation. Ces contestations se produisent aussi à un moment où l'étoile de la monarchie a pâli auprès des principaux alliés du régime. »

Le 15 février 2006, l'ancien patron de l'Institut du monde arabe, le diplomate Denis Bauchard, conseiller de l'IFRI (Institut français des relations internationales), rédigeait pour un *think tank* américain une note confidentielle intitulée *Maroc, bilan et perspectives*. « Le risque terroriste demeure, écrivait ce diplomate. Les attentats de 2003 ont profondément surpris et affecté la population comme le pouvoir. Le langage officiel est que ce terrorisme a été largement importé, que les auteurs venaient de France ou d'Égypte et que l'opinion rejette complètement de tels actes. [...] 44 % des jeunes entre seize et vingt-neuf ans estimeraient qu'Al-Qaida n'est pas une organisation

12 C'est aussi, semble-t-il, l'analyse du gouvernement français, comme en atteste notamment la nomination, en 2004, du nouvel « attaché de défense » à l'ambassade de France au Maroc, le colonel Patrick Avril, un ancien du service Action de la DGSE qui a appartenu au cabinet réservé de Michèle Alliot-Marie au ministère de la Défense. Le genre d'homme habitué aux situations de crise. « On a préféré ce profil, nous a expliqué un diplomate, à un genre plus classique car, le jour où ça pétera au Maroc, il faudra un homme de ce genre. »

terroriste. » Et d'ajouter : « Il est difficile d'apprécier ce risque, même si tous les ingrédients habituels et communs au monde arabe sont présents : grande pauvreté, sentiment de frustration et d'humiliation face aux pays occidentaux dont on dénonce le complot. [...] Il est à craindre que des actions terroristes graves puissent, sinon remettre en cause le processus de réforme en cours, tout au moins le perturber, du moins dans ses aspects politiques. »

L'excellent Denis Bauchard se livrait ensuite à une analyse fort sévère de la personnalité de Mohammed VI : « Quel est exactement l'objectif du pouvoir, du roi personnellement et du "néo-Makhzen" qui regroupe les jeunes technocrates proches du roi ? La démocratie telle qu'elle est conçue par le Palais va-t-elle jusqu'à l'instauration d'une monarchie constitutionnelle ? On peut en douter. Le pouvoir semble soumis à des tensions contradictoires sans qu'apparaisse véritablement un homme fort à l'autorité incontestée. Il est clair que Mohammed VI n'a pas l'autorité de son père et que l'on peut percevoir un certain flottement au sein du premier cercle du pouvoir. [...] Au Maroc comme dans la plupart des pays arabes, le fait que la promotion de la démocratie puisse déboucher sur une victoire des mouvements religieux, pouvant dériver sur un ordre islamiste, est l'objet d'un débat, et ne peut qu'inquiéter une élite occidentalisée qui est sans doute en rupture avec les sentiments profonds de son opinion publique. »

Notre diplomate, grand ami de Jacques Chirac et peu soupçonnable d'*a priori* antimarocain, concluait ainsi sa note prospective : « Pour l'instant, la situation est sous contrôle du Palais. Mais pour combien de temps encore ? » Pour combien de temps en somme Mohammed VI et les siens seront-ils capables de contrôler la déferlante islamiste ? « Pour l'instant », le système sécuritaire marocain marque encore des points face à la mouvance djihadiste. Quelques dizaines de jeunes Marocains ont été formés en Afghanistan, mais ces groupes sont atomisés, sans commandement unique. Reste que le rideau de fumée sécuritaire masque l'islamisation galopante de la société marocaine qui, à terme, pourrait faire basculer le pays. La progression soutenue de Justice et Bienfaisance, un mouvement islamiste installé en profondeur, en est le témoignage le plus éclatant.

Et la surprise, la voilà : les militants d'Allah au Maroc sont aussi des militantes, voilées certes, mais la tête bien sur les épaules, le discours carré et l'ambition politique tranquillement assumée. À mille lieues de l'imagerie occidentale sur les barbus au Coran entre les dents...

2

Justice et Bienfaisance : à l'école de la pensée unique

Fort de plusieurs dizaines de milliers de militants dévoués et sans doute de centaines de milliers de sympathisants, Justice et Bienfaisance est indiscutablement le mouvement islamiste le plus puissant du Maroc au milieu des années 2000 [1]. Créée au début des années 1980, cette formation n'a pas le statut de parti politique, mais elle se comporte comme tel, toujours dirigée en 2006 d'une main de fer par son fondateur, un vieillard charismatique du nom d'Abdessalam Yassine.

1 Justice et Bienfaisance a toujours refusé de communiquer le nombre exact de ses militants. Personne ne le connaît donc avec précision. Il était estimé à 42 000 en 1989 par la Direction de la surveillance du territoire (DST), selon laquelle cet effectif n'aurait cessé d'augmenter jusqu'aux attentats de Casablanca du 16 mai 2003. La fille du fondateur de Justice et Bienfaisance, Nadia Yassine, nous a indiqué une fourchette entre 100 000 et 200 000. En juillet 2006, le magazine marocain *Tel Quel* l'a évalué à près de 100 000 militants, citant une source policière. En avril 2006, un militant de Justice et Bienfaisance a confié à l'un des auteurs qu'ils étaient 150 000.

Celui-ci rêve d'instaurer un État islamique au Maroc et de jeter la monarchie aux orties. En 1974, il avait envoyé une longue épître à Hassan II, « L'Islam ou le Déluge », où il malmenait le monarque : « Tu fais croire à toi-même et à ceux qui s'aveuglent que tu es le souverain inébranlable, alors que tu n'es, par Allah, qu'un faible dont le sort est déjà décidé » ; « Deux signaux te sont venus de Dieu. Quand il t'a sauvé, tu as continué de désobéir, et tu as redoublé en despotisme » ; « Un roi apeuré, qui a perdu son équilibre, qui reçoit ma lettre au moment même où les gens la reçoivent. Un roi qui, malgré cela, reste attaché au trône de ses ancêtres, comme il l'appelle. [...] Le roi est sur un volcan prêt à faire éruption »[2].

Nadia Yassine, une islamiste « fréquentable »

Sa fille Nadia, islamiste pure et dure mais aussi fort attentive aux droits des femmes, est également de la partie. Elle encadre les disciples féminines de son père (qui représenteraient la moitié des adhérents), sert d'interface avec l'Occident et n'a pas sa langue dans sa poche : « Donnez un jet-ski à Mohammed VI et qu'il s'en aille avec à l'autre bout du monde ! Nous ne reconnaissons pas la dimension "Commanderie des croyants" de la monarchie marocaine. Nous n'acceptons pas non plus que le roi concentre tous les pouvoirs entre ses mains. C'est notre droit de le dire et nous sommes prêts à en payer le prix fort[3]. »

---

2 Traduction de Malika ZEGHAL, *Les Islamistes marocains. Le défi à la monarchie*, La Découverte, Paris, 2005.

3 Entretien avec l'un des auteurs, 19 mai 2006.

Ainsi s'exprimait en 2006 cette femme de quarante-neuf ans à l'air juvénile, mère de quatre filles et grand-mère comblée, faisant aussi office de porte-parole du mouvement à l'étranger. « Sa mission consiste à le rendre présentable à l'extérieur, à le maquiller en montrant que les femmes y jouent un rôle », estime le sociologue Saïd Lakhal, qui suit Justice et Bienfaisance depuis le début des années 1990 [4]. Le but ultime de ces islamistes est en effet l'avènement au Maroc d'un État coranique semblable au modèle du califat et fondé sur trois piliers : la justice économique et sociale, la spiritualité et la *choura* (concertation), qui garantit au peuple le choix de ses dirigeants.

En communicante avertie et pragmatique, Nadia Yassine fixe invariablement ses rendez-vous à la presse devant la sinistre prison de la ville de Salé, à côté de Rabat. Elle vit à quelques encablures de là, dans un modeste appartement qu'elle partage avec son mari, le militant islamiste Abdellah Chibani. C'est toujours sa femme de ménage qui vient récupérer les journalistes. *New York Times, Washington Post, El Pais, Le Monde, The Times, Der Spiegel*, BBC, RFI... Ces dernières années, l'employée de maison a vu passer du beau monde et semble rodée à l'exercice, en dépit des mouchards qui sillonnent en Mobylette ce quartier de la classe moyenne.

Élégamment vêtue d'une djellaba sombre, les cheveux toujours rangés sous un foulard, les yeux cernés de khôl et le teint net, la fille du cheikh Yassine reçoit ses invités dans un joli salon marocain, autour d'une tasse de thé à la menthe et de délicieuses pâtisseries. Passé les présentations, Nadia débite dans un français impeccable un discours soigneusement policé : non à la violence, non aux

4 Entretien avec l'un des auteurs, 24 juin 2006.

financements étrangers, non à la clandestinité, oui à la justice sociale, oui au retour à l'islam des origines, oui au rôle des femmes dans la société, non à toute participation aux élections tant qu'elles seront instrumentalisées, non à la Constitution qui accorde tous les pouvoirs au roi...

Mais chassez le naturel, il revient au galop ! L'humour et le goût prononcé de Nadia Yassine pour la provocation reprennent le dessus dès qu'il s'agit de vilipender le pouvoir et ses satellites. Elle en a même fait sa ligne de fabrique, voire son fonds de commerce auprès des journalistes à l'affût de citations chocs. Le Parti de la justice et du développement (PJD), le grand concurrent islamiste de Justice et Bienfaisance ? Un « paillasson du pouvoir » depuis qu'il participe au jeu électoral, « qui ne devrait pas être un jeu ». Le Makhzen, à savoir l'establishment gravitant autour de Sa Majesté ? Au choix, un « laquais servant les grandes puissances » ou une « bestiole politique à géométrie variable » : « À chaque fois, le Makhzen prend une nouvelle couleur, c'est tout. C'est un caméléon politique. Or un caméléon restera caméléon. Il ne peut pas se métamorphoser en dinosaure... par exemple [5] ! » Elles sont loin, ces années 1990 où cette élève du prestigieux lycée français Descartes de Rabat et diplômée en sciences politiques de l'université de Fès téléphonait à son père, le cheikh Yassine, pour lui demander la permission d'être photographiée par des journalistes [6].

Bien que militante de longue date de Justice et Bienfaisance et connue sur la scène politique marocaine, on ne commence à réellement parler de Nadia Yassine à l'étranger

---

5 *Al Osbou'iya Al-Jadida*, 2-8 juin 2005.

6 Marvine Howe, *Morocco. The Islamist Awakening and other Challenges*, Oxford University Press, New York, 2005.

qu'en 2003. Après les attentats du 11 septembre 2001, l'Occident ne peut plus s'offrir le luxe d'ignorer les islamistes et cherche des « modérés » susceptibles de calmer les ardeurs terroristes des plus radicaux... Cette année-là, Nadia publie au Maroc et en France *Toutes voiles dehors*, un livre personnel où elle traite de sujets lui tenant à cœur, comme la place de la femme musulmane dans la modernité [7]. Mais, surtout, elle récupère son passeport, jusque-là confisqué par les autorités marocaines. Et arpente les forums où l'Occident convie des islamistes jugés « fréquentables ». Hongrie, Espagne, Hollande, États-Unis, Grèce... En mai 2005, cette égérie islamiste est même invitée par la prestigieuse université américaine de Berkeley. Elle suscite souvent une curiosité bienveillante, autant par sa capacité à présenter Justice et Bienfaisance sous un jour avenant – le mouvement souhaite tout de même l'instauration d'un État islamique – que par son caractère bien trempé. À Beyrouth, en 2004, en pleine réunion de mouvements antiguerre et antimondialisation, elle rabroue un membre du Hezbollah, un peu trop enclin à vanter le modèle de la « femme au foyer ».

Icône islamiste ou victime

Nadia Yassine n'accède toutefois à la renommée internationale qu'en juin 2005 et devient par la même occasion la bête noire du régime de Mohammed VI et du Makhzen. En cause ? Une interview accordée au journal marocain *Al-Osbou'iya Al-Jadida*, où elle clame sa préférence personnelle

---

7 Nadia Yassine, *Toutes voiles dehors*, Le Fennec, Casablanca, 2003 (et Alter Éditions, Épinay-sur-Seine, 2003).

pour le modèle républicain. En clair dans le texte : « C'est un point de vue purement académique car, entre l'autocratie et la république, j'opte pour cette dernière. Je l'ai dit dans un cadre intellectuel et cela n'engage que moi. » Crime de lèse-monarchie au royaume des Alaouites ! Punition : un procès sans cesse reporté pour « atteinte aux institutions sacrées de la nation » et une campagne à charge de la presse aux ordres. Extrait signé Khalil Hachimi Idrissi, éditorialiste du quotidien *Aujourd'hui le Maroc* : « Elle est républicaine. Il est normal dans une famille où le père a des visions que la fille ait des gaz. » Élégant ! « Elle veut changer de régime comme on change de tchador un jour de chaleur quand on a du mal à tenir ses ablutions sous, justement, l'effet conjugué des chaleurs, des excrétions multiples et, surtout, diverses, et bien sûr, de la pression irrésistible des gaz intempestifs. » Élégant encore !

La fille du cheikh Yassine a du répondant. Quelques jours plus tard, elle publie une lettre ouverte à ses détracteurs, « démocrates pas vertueux », où elle se gausse de leur asservissement avec une véhémence rarement égalée au Maroc : « Le régime et l'unité nationale sont à ce point fragilisés à vos yeux de démocrates douteux et dubitatifs pour qu'on choisisse mon intervention dans un journal émergent afin de se faire des câlins patriotiques et s'autoflageller pour ce qu'on pourrait vous soupçonner de penser. À défaut de jouer le rôle que vous prétendez jouer, de membres de la société civile et de partisans convaincus, vous vous contentez de tirer sur tout ce qui bouge vraiment. [...] Quelle magnifique révélation que ce tsunami dans un verre d'eau que mon avis a déclenché ! Si je me suis "dévoilée", comme l'ont dit nos chers démocrates que l'on sait déjà éradicateurs, eux se sont complètement démasqués : c'est un match nul... lissime. »

Avec le recul, force est de constater que ses détracteurs auraient mieux fait de se taire... Alors que les communicants de Mohammed VI vantent les mérites d'un Maroc en transition démocratique, Nadia Yassine instrumentalise ses déboires judiciaires pour se forger une image d'icône islamiste victime de la liberté d'expression. Joignant le geste à la parole, elle se rend à son procès la bouche bâillonnée, l'index levé symbolisant l'unicité de Dieu et une pancarte au cou où est écrit en anglais : *« Don't touch the liberty of press and freedom »* (Ne touchez pas à la liberté de la presse et d'opinion). La photo fera le tour du monde.

Dans la foulée, Nadia Yassine lance son propre site web qu'elle alimente régulièrement en chroniques assassines. Sa cible de prédilection ? Le pouvoir marocain et le Makhzen. Son message ? Ils ne sont qu'imposture et incompétence. Sa communication ressemble à s'y méprendre à celle d'une femme politique en campagne : galerie de photos, extraits de discours, d'interviews accordées à la presse, vidéos de ses conférences, contributions extérieures... Ses écrits sont au vitriol, comme cette lettre ouverte à Hayat, une militante islamiste torturée par la Direction de la surveillance du territoire (DST) en juillet 2006, où elle affirme son féminisme : « Nous dérangeons les autocraties actuelles, héritières de celles qui nous ont enfermées dans les harems politiques. Tu les déranges, Hayat, vous les dérangez, mes sœurs, car une femme islamiste ne doit surtout pas parler ; elle doit juste être un épouvantail silencieux qui serve leurs discours modernistes et laïcisants. Tu ne dois pas bouger, tu ne dois pas donner de l'espoir à tes enfants, tu ne dois pas être positive et maîtresse de tes actes et de ton histoire. Tu es censée être abattue, silencieuse, mère de tes enfants et de toutes les inhibitions de la terre. Tu dois "faire la gueule", pas l'ouvrir ! Tu dois faire l'idiote, pas la militante. Tu dois te soumettre à l'injustice, pas te soulever contre l'injustice. Tu dois faire les boutiques, pas la politique. »

Si ce tapage médiatique exaspère en haut lieu à Rabat, il irrite aussi certains responsables de Justice et Bienfaisance à qui Nadia fait de l'ombre. Selon certains observateurs avertis, ils l'accusent de s'abriter derrière son père pour tirer à elle la couverture médiatique. Le leader de Justice et Bienfaisance passe visiblement toutes ses incartades à sa fille chérie. En témoigne cette anecdote rapportée par l'islamologue Mohamed Darif : « Peu après sa prise de position en faveur d'une république, plusieurs responsables ont rendu visite à Abdessalam Yassine pour lui dire que Nadia avait dépassé les limites. Il s'est fâché et leur a lâché qu'ils n'arrivaient pas à la cheville de sa fille [8]. » Pour marquer le coup, le cheikh Yassine a même créé un poste sur mesure pour Nadia : celui de responsable du « Comité des visiteuses », une instance supervisant l'ensemble des activités spirituelles et politiques des femmes de Justice et Bienfaisance.

Féminine et féministe

Depuis des années et à l'ombre des caméras, la fille du cheikh travaille à concilier militantisme islamiste et féminisme à l'orientale. Après tout, son père ne répète-t-il pas à ses ouailles que « la *charia* a besoin d'un regard féminin » ? En 1998, lorsque Justice et Bienfaisance crée une branche politique appelée « Le Cercle politique [9] », elle fonde avec

---

8 Entretien avec l'un des auteurs, 21 juin 2006.

9 Le Cercle politique a trois missions : servir de trait d'union entre le mouvement et les acteurs politiques du royaume, formaliser un projet de

son amie Saâdia Kassid (décédée depuis, en 2002, dans un accident de la route) la « section féminine » du mouvement. Rattachée au Cercle, celle-ci est dirigée en 2006 par une Casablancaise de trente-six ans, Mérieme Yafout, doctorante en sciences politiques et professeur de français dans le privé. « Jusqu'à la fin des années 1990, on ne pensait qu'à bien pratiquer la religion, se souvient-elle, un brin nostalgique. Puis Abdessalam Yassine nous a dit qu'il fallait s'intéresser à la politique. D'où la création de la section, même si au départ l'idée était juste de créer un espace de dialogue avec les sympathisantes du mouvement. On est parti de zéro, on ne connaissait rien au fonctionnement de ce type de structure et on a beaucoup tâtonné [10]. »

Dès 2000, la section connaît son heure de gloire et voit ses dirigeantes propulsées sur le devant de la scène médiatique. La guerre entre partisans et adversaires du projet du gouvernement de réforme de la *Moudawana*, le Code de la famille marocain, fait alors rage. Fin tacticien, le cheikh Yassine envoie la section féminine au front : qui mieux que ses militantes pourrait défendre ses positions ultraconservatrices ? Ces dernières multiplient les interventions dans la presse et, surtout, participent à une marche géante des opposants au plan gouvernemental d'« intégration de la femme dans le développement du Maroc », à Casablanca, le 12 mars. Plus 300 000 personnes, dont une majorité d'islamistes de Justice et Bienfaisance, sont au rendez-vous.

---

société et définir un programme politique. Outre un secrétariat général, il se compose de trois sections – la section féminine, la section de la jeunesse et la section syndicale – ainsi que de bureaux d'expertise qui réalisent des études dans divers domaines (économique, social, juridique, technologique, agricole...). Géographiquement, il fonctionne au travers d'instances régionales ou de filiales implantées dans toutes les régions du Maroc.

10 Entretien avec l'un des auteurs, 26 juin 2006.

Étonnés par la discipline des manifestants, les observateurs extérieurs parlent de « défilé militaire sans armes »...

Six ans plus tard, la section féminine est présente dans quasiment toutes les villes du Maroc. En 2006, il ne se passait pas un jour sans qu'elle n'organise une activité : manifestation, conférence, action de charité, sit-in, distribution de tracts... Cet activisme a porté ses fruits puisque, aujourd'hui, près de la moitié des adhérents de Justice et Bienfaisance sont des... adhérentes, à qui il faut inculquer la pensée du cheikh, comme nous l'explique sa fille : « Il est temps de sevrer les femmes des barbus ! Nous incitons les sœurs – c'est ainsi que l'on s'appelle entre nous – à relire le Coran avec des yeux vierges, à en avoir une lecture subversive. Elles remettront ainsi en cause les visions erronées et machistes qu'on leur a inculquées. Nous formons des êtres spirituels qui, demain, deviendront les moteurs de l'action sociale [11]. »

Nadia Yassine évoque à ce propos la *Qawma*, une étape clé de la théorie de la conquête du pouvoir par les islamistes. « C'est un concept abstrait qui, lorsque les conditions sociales sont réunies, permet d'écarter le régime en place en recourant à la désobéissance civile. La *Qawma* ne peut pas être assimilée à une révolution, car elle est censée se dérouler sans violence ni effusion de sang », explique l'islamologue Mohamed Darif [12]. Nadia Yassine elle-même la définit comme suit : « Le concept de *Qawma* a été utilisé par mon père dans sa pensée pour se démarquer du langage révolutionnaire classique qui veut que tout changement passe par la violence. La *Qawma* vient du verbe *qama*, qui veut dire se mettre debout. Faire une *Qawma*, c'est

---

11 Entretien avec l'un des auteurs, 19 mai 2006.

12 Entretien avec l'un des auteurs, 21 juin 2006.

rassembler tous les efforts, réunir toutes les bonnes volontés pour construire l'avenir. Jamais il n'a été question d'un jour J, d'une action définie, d'un rendez-vous déterminé [13]. » D'où l'empressement de Justice et Bienfaisance à éduquer le peuple dans le sens de la subversion…

Pour atteindre cet objectif, le mouvement a mis en place toute une batterie de conférences et autres rassemblements, servant de courroie de transmission entre le cheikh et sa base. Cela va de la réunion bimensuelle, appelée *Naceha* (le « bon conseil » aussi bien religieux, politique, que pour la vie quotidienne…), aux retraites spirituelles d'une dizaine de jours, organisées l'été. Celles-ci se déroulent souvent au siège du mouvement, dans la ville de Salé, à proximité de Rabat. Dans le même quartier qui abrite le domicile d'Abdessalam Yassine, Justice et Bienfaisance possède plusieurs villas où sont notamment installés le siège du mouvement et la section féminine. Côté jardin, certaines villas sont reliées entre elles par un passage discret. Pratique pour passer d'une maison à l'autre sans être repéré par les deux policiers plantés en permanence dans la rue en question…

Parmi ces rassemblements, figurent les « Assises des sœurs pour l'éternité [14] ». Créées en 2000 par la section féminine, elles sont organisées tous les mois dans vingt-deux villes du royaume et sont animées par des femmes cadres de Justice et Bienfaisance. « L'on y étudie la vie des compagnons femmes du Prophète pour en transposer les enseignements à notre vie de musulmanes du XXIe siècle,

---

13 *Le Journal hebdomadaire*, n° 238, 7-20 janvier 2006.

14 Appellation explicite : les fidèles de Justice et Bienfaisance croient que, durant leur vie sur terre, ils nouent entre eux des liens qui se prolongeront dans l'éternité.

théorise Mérieme Yafout, la responsable nationale de la section féminine. Nous atteignons ainsi ce qu'on appelle le Renouveau et qui consiste à adapter l'islam des origines à notre époque sans tenir compte des interprétations erronées de la religion. À l'époque du Prophète, la femme participait pleinement au changement social et n'était pas cloîtrée chez elle[15]. »

Ces assises étaient ouvertes aux sympathisantes de Justice et Bienfaisance mais, au printemps 2006, elles ont été restreintes aux seules adhérentes. Et pour cause ! À partir du mois de mai, les forces de l'ordre décident subitement de mettre le holà aux activités des islamistes et tentent depuis de disperser leurs rassemblements. Ce qui les irrite au plus haut point. « On ne peut même plus se réunir pour préparer nos activités sous peine d'être mises en garde à vue, fulmine Mérieme Yafout. Alors, on se réunit virtuellement sur Internet et les assises se déroulent en cachette à nos domiciles. À Casablanca, on a carrément fermé notre local. Quand la police fait irruption, elle repart avec nos biens, comme des ordinateurs ou du matériel vidéo. C'est déplorable ! Mais on ne baissera pas les bras. »

Partie de cache-cache avec la police

Mis sur écoutes, suivis, les militants de Justice et Bienfaisance multiplient les ruses pour se faufiler entre les mailles du filet des services de sécurité. En témoigne cet étrange manège qui se déroule le samedi 24 juin 2006, à trente minutes du début d'une session des Assises des sœurs pour l'éternité de Casablanca. Nous sommes dans un quartier

15 Entretien avec l'un des auteurs, 24 juin 2006.

aisé de la capitale économique du Maroc. Deux militantes islamistes se posent, l'air de rien, devant un bâtiment public, au milieu des familles qui se promènent. Pour les profanes, rien ne les distingue des passantes. Les fidèles du cheikh Yassine – comme par hasard nombreuses à passer par là – ne s'y trompent pas. Par petits groupes, elles les saluent puis convergent vers un immeuble situé à quelques mètres. C'est là, au domicile particulier d'une militante, que se tiennent les assises. Aujourd'hui, elles sont animées par Mérieme Yafout et Fatema Kaci, membre du secrétariat général du Cercle politique. Par mesure de sécurité, seules cent vingt femmes ont été conviées sur les huit cents habituelles. « On communique un quota de places aux responsables de quartier, qui désignent les participantes par tirage au sort ou en les invitant à tour de rôle », indique Mérieme Yafout.

En tout cas, la militante qui accueille les assises de ce samedi est ravie de recevoir ses « sœurs » chez elle. « Elles ne connaissent pas le chemin, certaines vont se perdre. On aura au minimum une heure de retard », regrette toutefois la propriétaire des lieux, qui a fait le ménage : tous les meubles ont été entreposés dans la même pièce et des couvertures aux couleurs chatoyantes ont été posées à même le sol pour permettre aux participantes de s'asseoir par terre, comme il est de coutume. Cinq ou six militantes s'affairent en cuisine autour de jus de fruits et de pâtisseries faits maison. Pendant ce temps, les invitées arrivent par petits groupes. On se congratule, on se fait la bise, on se tient les mains en riant. L'ambiance est chaleureuse et la joie de se retrouver se lit sur les visages. La plupart des militantes sont jeunes, autour de la trentaine, certaines ont un bébé dans les bras. On compte aussi quelques adolescentes timides. Toutes sont vêtues avec soin, affichant des hidjabs colorés et des jupes longues. Certaines sont même très élégantes, signant leur appartenance à la bourgeoisie casablancaise. Les blagues sur la police vont bon train chaque fois qu'un bruit se fait entendre : « C'est eux ! Par où vont-ils entrer cette fois ? Il faut qu'ils innovent, car enfoncer les portes c'est du déjà vu. Ils devraient essayer par les fenêtres en parachute... »

Au bout d'une bonne heure de papotages en tous genres, la session des Assises des sœurs pour l'éternité de Casablanca démarre enfin. Les quatre-vingt-dix femmes présentes sont maintenant installées dans le salon et se sont serrées comme des sardines pour entrer dans la même pièce. Le silence se fait soudainement lorsque Fatema Kaci prend la parole dans le micro pour demander de couper les portables. Puis elle enchaîne : « Nous sommes en retard à cause de l'état d'exception que nous vivons. La police passe des nuits blanches à essayer de nous trouver et c'est tant mieux. Pour nous, c'est quelque chose de normal et de naturel. Le paradis n'est pas donné et ce que l'on subit est le prix à payer. Aujourd'hui, si par la grâce divine la police fait irruption, êtes-vous prêtes ? » Éclats de rire dans la salle, la réponse – un « oui » massif – ne laisse aucun doute quant à la motivation des « sœurs ».

Après avoir dirigé la prière, Fatema reprend la parole pour lire des versets du Coran et les dédier à Saâdia Kassid, l'une des fondatrices de la section féminine, décédée en 2002. « Nous n'oublions jamais nos morts », chuchote une militante. Passé ce bref recueillement, Fatema poursuit sur la posture à adopter pour supporter la pression policière. « Notre guide, Abdessalam Yassine, nous recommande d'étudier certains versets, car ils retranscrivent ce qui nous arrive. Il s'agit des versets 13 à 15 de la sourate Ibrahim. C'est cela le miracle du Coran : il défie l'espace-temps et, quatorze siècles plus tard, on y trouve ce qu'on y cherche. » Après la lecture des versets, elle enchaîne sans tarder sur l'explication de texte. L'éducation est la priorité des priorités de Justice et Bienfaisance : « Ces versets nous décrivent l'histoire des anciens prophètes avec leurs peuples. Ils parlent de l'histoire de l'humanité. Le message des prophètes est de créer l'éveil et la foi en l'unicité de Dieu ainsi qu'une croyance totale. Face à ce message, il existe deux catégories de gens. Les fidèles, qui acceptent le message divin et s'en inspirent. Et ceux qui le refusent et s'interposent entre le Prophète et le peuple. Pour parvenir à leurs fins, ils utilisent les menaces, la calomnie, la violence. Quelle doit être la réaction des croyants ? Face à la violence et la calomnie, on doit garder sa foi en Dieu et prendre son mal en patience avec sagesse. » Allusion on ne peut plus directe au Makhzen honni, le « grand Satan » de Justice et Bienfaisance...

Pour rendre son propos plus concret, Fatema cite quelques exemples, dont celui de Moïse qui, face à la violence de Pharaon, répondra qu'il faut garder sa foi, car de là découle la victoire. Avant de rappeler que « nous bâtissons notre position par rapport aux événements récents à partir d'exemples comme celui-ci ». Quoique claires, ces explications n'empêcheront pas les militantes de demander des conseils plus terre à terre : que faire en cas d'arrestation ? Peut-on se parler au téléphone ? Autant de questions qui témoignent d'une certaine anxiété. Et qui donnent lieu à des réponses explicites : « Ne donnez aucun nom par téléphone, ni aucune adresse. Lorsque vous êtes en réunion, éteignez vos portables et si possible retirez la batterie. La police ne pourra plus vous localiser. »

Le roi David en renfort

Après cette longue parenthèse sur l'état « d'exception », les assises peuvent enfin reprendre leur cours normal. Et remplir leur objectif : faire entrer dans les têtes des militantes la pensée politique du cheikh Yassine, sous couvert d'explications de textes coraniques. Aujourd'hui, c'est l'histoire du roi David qui est inscrite au programme. C'est toujours Fatema qui parle, commençant par les versets de la sourate Al-Bakara avant de l'enrichir de recherches personnelles effectuées en contournant soigneusement les interprétations salafistes : « Après la période de Moïse, les fils d'Israël ont été punis par Dieu et privés de leur terre par un roi tyrannique, Jalout. Ils ont alors demandé à un prophète inconnu de demander à Dieu de désigner un roi qui les aiderait à former une armée pour combattre le tyran. Dieu leur a envoyé Talout, qui a constitué une armée peu nombreuse, mais avec des hommes de confiance ayant la foi. Parmi les soldats figurait le jeune David, qui a tué le tyran Jalout à l'aide de cinq petites pierres tirées avec une fronde. L'armée de Talout a vaincu grâce à sa foi en Dieu. Plus tard, David est devenu roi et prophète en même temps. Ça a été le premier après de longues années à réunir la prophétie et le royaume. Son fils Salomon a fait de même et c'est sous leur règne que les fils d'Israël ont vécu leurs jours les plus paisibles. »

Fatema ouvre aussitôt le débat, car les « sœurs » sont censées avoir déjà potassé la biographie du roi David et préparé leurs interventions. Les règles du jeu sont claires : chacune est libre de s'exprimer, les organisatrices n'intervenant que pour préciser le point de vue de Justice et Bienfaisance, c'est-à-dire du cheikh Yassine. Elles ne devraient pas être à la peine, car les participantes maîtrisent déjà les tenants et aboutissants de la pensée du guide. Une première femme prend la parole pour souligner l'importance de la foi dans une victoire. « Ni la force physique, ni les armes ni le nombre de soldats ne font la différence, mais la confiance que l'on a en soi quand on croit en Dieu, oui. »

Une autre transpose le combat de David dans le Maroc de 2006. Pour elle, son mouvement a choisi le chemin de la spiritualité et, « grâce à sa foi en Dieu, n'a rien à craindre ni de la police ni de l'armée ni de qui que ce soit ». D'autres interventions – il y en aura une vingtaine au total – portent sur l'union de la prophétie et du politique par David puis Salomon. De prise de parole en prise de parole, il se dégage une interprétation de l'histoire que Fatema synthétise en fin de débat : « Dans l'islam, qui est le fruit des religions précédentes, on retrouve cette union de l'État et de la spiritualité chez les quatre califes après le Prophète. Leur séparation est une déviation résultant de la rupture historique effectuée par les Omeyyades et ceux qui ont suivi. » Nous sommes bien au cœur de la pensée politique de Justice et Bienfaisance et les « sœurs » ont assimilé la leçon qu'elles se feront un devoir de répandre autour d'elles.

Ces assises ne seraient pas complètes si les participantes ne se racontaient pas leurs dernières « visions ». « Nous sommes un mouvement soufi et nous attachons beaucoup d'importance aux visions que nous faisons, éveillés ou endormis, explique Mérieme Yafout. Cela émane du fait qu'elles étaient prépondérantes à l'époque du Prophète, qui dit dans un hadith rapporté par l'imam Boukhari qu'"il ne restera de la prophétie, après moi, que les visions". De plus, le premier calife, Aboubakr, demandait chaque matin à ses compagnons de raconter leurs visions de la veille. En fait, elles nous rassurent, mais on ne se base pas sur elles pour planifier nos programmes. Selon Abdessalam Yassine, la démarche du mouvement est fondée sur la réalité des faits. »

Ce samedi, trois visions sont rapportées, mais une seule fait l'objet d'une étude détaillée. Elle provient d'une militante de Salé et a déjà été analysée par un membre du mouvement autorisé à se livrer à cet exercice consistant à donner un sens aux rêves. C'est Mérieme qui s'en fait l'écho, car c'est à elle que la militante s'est confiée. « Notre sœur marchait dans un endroit merveilleux plein de jardins et de rivières et a entendu une voix qui l'appelait "Chauman". Suivant la direction de la voix, elle est tombée sur un homme qui ressemblait à Leonardo da Vinci. Entre ses mains, il tenait deux livres en or reliés par un anneau aussi en or. La sœur a eu le sentiment qu'il s'agissait du roi David. Un frère lui a dit que ce rêve était riche en symboles et ramenait en effet au roi David. Il s'est basé sur le fait que Leonardo da Vinci a peint David sur son trône entouré de lions. En italien, Leonardo signifie "lion" et Vinci, "victoire". De plus, le roi David avait une femme qui s'appelait Chauman et avait hérité du prophète Aaron un cercueil où se trouvaient deux livrets ayant appartenu à Moïse. Comme vous le voyez, cette vision est très importante. Elle nous a incitées à parler du roi David aujourd'hui et à mettre l'accent sur l'union de la prophétie et de l'État. »

Les militantes boivent littéralement les paroles de Mérieme, sans jamais remettre en cause l'authenticité de la vision ni la véracité de son interprétation. Chez Justice et Bienfaisance, il est de mise d'accueillir les enseignements du guide avec le cœur et non la raison. C'est avec le sentiment du devoir accompli que les quatre-vingt-dix militantes quittent l'appartement par petits groupes, passant devant deux policiers qui montent la garde, sans intervenir, au bas de l'immeuble. Elles ignorent qu'au même moment les autorités encerclent une maison à Casablanca pour empêcher une soixantaine de militants hommes de se retrouver. Les organisatrices des Assises des sœurs pour l'éternité, elles, se frottent les mains : leur réunion est un succès. D'ailleurs, le lendemain, elles se lèvent à l'aube pour animer un meeting identique dans une ville à deux heures de route de Casablanca.

Profession : militante islamiste

La vie de cadre chez Justice et Bienfaisance est loin d'être de tout repos et s'apparente même à un job à temps complet. « Tous les week-ends ou presque, je suis sur la route », confirme Mérieme Yafout, qui ne changerait de vie pour rien au monde. Visite aux comités régionaux de la section féminine, invitation d'associations islamistes, participation à des conférences, à des tables rondes, accueil de journalistes et de chercheurs étrangers... Elle y consacre tout son temps libre. Et, quand elle ne sillonne pas les routes au volant de sa voiture, elle est à Salé pour des réunions du Cercle politique. Entre le conseil national du Cercle, les rassemblements du bureau national de sa section, les réunions de coordination entre toutes les militantes responsables d'activités, elle n'arrête pas. Sans parler des séances de formation chez Nadia Yassine, au cours desquelles la fille du cheikh développe les positions de Justice et Bienfaisance sur l'actualité et raconte ses voyages en Occident.

Une telle dévotion au mouvement présente un avantage de taille : il offre aux militantes (et aux militants) les plus motivé(e)s de bonnes perspectives de « carrière ». Mérieme Yafout est d'ailleurs un pur produit de cette génération montante de trentenaires. Pour elle, tout s'est joué en 1991 à l'université de Casablanca. La guerre du Golfe est à son apogée lorsqu'elle rejoint l'UNEM, le principal syndicat étudiant marocain. La gauche y règne en maître. Plus pour longtemps... En moins de dix ans, les islamistes vont inverser la tendance. Au fur et à mesure qu'ils noyautent l'UNEM, Mérieme se découvre une « proximité » avec leurs idées. Elle ne franchit toutefois le pas que quelques mois plus tard en mettant le voile. « J'ai commencé à recevoir des petits cadeaux comme des cassettes de chants religieux, à être invitée à des soirées où l'on parlait d'islam... »

Et elle découvre, stupéfaite, qu'elle doit choisir entre les deux grands mouvements islamistes : déjà Justice et Bienfaisance et la Jamaâ Islamiya, le futur PJD : « Moi qui croyais que nous étions tous musulmans ! » Après quelques tergiversations, elle rejoint les fidèles du cheikh Yassine en 1992 et en devient l'une des responsables étudiantes deux ans plus tard. S'ensuit une période « extraordinaire », où les manifestions de solidarité avec la Palestine succèdent aux sit-ins pour l'ouverture d'une mosquée dans chaque université du royaume. « Sur ce point, on a gagné. Hélas, elles ont fermé en 1997 lors de la répression anti-islamiste dans les facultés. Comme on maintenait nos activités, on se faisait tabasser deux fois par jour : le matin lorsque la police nous ordonnait à coups de bâtons de plier bagages et le soir quand elle vérifiait si nous avions obtempéré. »

À partir de 1998, Mérieme Yafout choisit de se consacrer à ses études, à savoir une école de journalisme doublée d'un troisième cycle en sciences politiques. Difficile alors de passer pour une étudiante lambda quand on milite dans les rangs du cheikh Yassine. Tous les moyens sont bons pour mettre des bâtons dans les roues des islamistes, nous explique-t-elle : « Je devais effectuer un stage en France et la police a confisqué mon passeport. Lorsque j'étais convoquée pour, soi-disant, le récupérer, on m'interrogeait sur Justice et Bienfaisance. » C'est finalement grâce à l'intervention d'un enseignant qu'elle récupère son bien et étudie quelques mois à Sciences-Po Paris.

Quoique accaparée par ses études et les tracasseries administratives, Mérieme Yafout grimpe un à un les échelons du mouvement : « Les sœurs étaient clémentes avec moi. Elles savaient que je suivais un double cursus universitaire. » Elle participe à la naissance de la section féminine en 1998, travaille comme rédactrice au sein d'une publication de Justice et Bienfaisance, rapidement interdite. En 2002, elle est élue responsable de la section pour la ville de Casablanca et, en 2006, responsable nationale. « Comme tout le monde, j'ai débuté par les réunions de quartier où l'on nous explique le Coran et où l'on reçoit des leçons de bonnes mœurs. »

Selon Mérieme Yafout, pour progresser, il faut montrer des capacités à s'élever spirituellement, à bien intégrer la pensée du cheikh Yassine et, surtout, se montrer très disponible. « C'est une vision bien restreinte de la réalité, ironise le sociologue Saïd Lakhal. Leurs critères d'avancement n'ont rien de rationnel. Il faut surtout témoigner de son amour pour le guide. Lorsque les fidèles en parlent, ils le glorifient à coups de "Dieu le protège" et donnent du "Notre bien-aimé Sidi Abdessalam". Certains l'appellent même "Mon petit papa chéri" ! C'est bien vu de rêver de lui et, pour ceux qui le peuvent, encore mieux de donner de l'argent au mouvement. Aucun montant n'est fixé, mais plus on donne, plus on grimpe [16]. »

---

16 *Ibid.*

Cette sélection par l'argent est vivement démentie par les responsables de Justice et Bienfaisance. Soit. Ce qui est en revanche avéré – et moins connu –, c'est qu'ils aiment les têtes bien pleines. Une anecdote datant des années 1990 en atteste. À force de jouer les pasionarias des campus, des étudiantes islamistes en étaient venues à délaisser leurs études. Pour y remédier, leurs supérieures hiérarchiques n'y sont pas allées de main morte : mise sur pied d'un comité de suivi des notes, création du slogan « On ne veut pas de quelqu'un qui ne réussit pas dans ses études » et interdiction pure et simple de militantisme pour les redoublantes ! En 2006 encore, le cheikh Yassine encourageait les femmes à entamer des études et plus d'une centaine de cadres avaient repris le chemin de l'université.

Un réseau tentaculaire d'associations

Plutôt que de verser dans la politique, la majorité des adhérentes optent pour un militantisme social et terre à terre en créant, par exemple, des associations de bienfaisance. Le mouvement justifie son engagement auprès des femmes par cet argument que nous expose Hakima, la responsable des activités féminines à Rabat jusqu'en juillet 2006 : « Une mère qui n'a pas de quoi nourrir ses enfants n'entend rien d'autre que leurs pleurs. Elle est incapable de se montrer réceptive à un message spirituel. Aidez-la à s'en sortir et, oui, elle vous écoutera [17]. » Les islamistes savent bien, en effet, que les femmes sont les

17 Entretien avec l'un des auteurs, 6 avril 2006.

meilleures portes d'entrée dans les familles. Non seulement elles éduquent les enfants, mais l'expérience montre qu'une femme qui adhère « embarque » dans bien des cas son mari, une partie de sa famille voire de sa belle-famille.

Au total, le mouvement fédère plusieurs centaines d'associations de charité. Achats de livres universitaires, soutien scolaire, alphabétisation, formations pour chômeurs, circoncisions, cours de Coran... Les activités, des grands classiques de l'islamisme de terrain, varient en fonction des besoins de la population et sont souvent coordonnées par les sections du Cercle politique.

Créée le 26 mai 2003 dans la ville côtière de Kénitra, l'association « Espoir pour la femme et l'enfant » est reliée à la section féminine, qui chapeaute une centaine de ce type de structures. Elle est le « bébé » de cinq militantes dynamiques se présentant comme des « femmes de bonne foi », révoltées par la misère intellectuelle dans laquelle leurs semblables évoluent. Respectivement professeurs de français et d'anglais, institutrice, secrétaire dans une clinique et jeune retraitée pimpante du ministère de la Culture, elles se sont regroupées pour « éduquer » les femmes d'un quartier de Kénitra. Avec ses agences bancaires flambant neuves, ses jolis immeubles couleur ocre et ses taxis collectifs qui déversent un flot continu de voyageurs passé la fermeture des bureaux, il est peuplé par la classe moyenne.

« Qui penserait que la plupart des habitantes sont analphabètes ? Elles viennent des campagnes environnantes. Échouées en ville avec leur mari, sans repères, elles se transforment en femmes au foyer, autant dire en bonnes, et s'abrutissent devant la télévision du matin au soir », s'indigne El Batoul, l'une des fondatrices d'Espoir pour la femme et l'enfant, qui égratigne au passage les pouvoirs publics [18]. Comme une majorité de militants de Justice et Bienfaisance, les cinq responsables associatives n'ont pas de mots assez durs pour stigmatiser l'État marocain. « Démissionnaire depuis belle lurette » ; « Sans le travail de terrain des islamistes, le Maroc aurait explosé » ; « Nous sommes une soupape à l'incompétence de l'État et de ses fonctionnaires corrompus » sont des arguments qui reviennent en boucle.

Les dizaines de femmes de tous âges qui franchissent une à une la porte de l'association, dont quatre non voilées, sont loin de l'image que l'on se fait de la femme au foyer. Elles parlent fort, affichent des sourires édentés, s'interpellent, jouent des coudes pour attraper un verre d'eau dans la cuisine. « Moi, je suis ici pour apprendre l'alphabet. Je veux lire le Coran et faire mes courses au supermarché seule. Je ne veux plus demander aux caissiers de l'aide pour déchiffrer les prix sur les étiquettes. On est nombreuses dans ce cas. La jeune femme là-bas veut comprendre les journaux pour discuter avec sa belle-fille qui parle de politique ; l'autre veut visiter seule sa mère en train, mais est incapable de lire les horaires », dit une grand-mère au front tatoué de symboles berbères traditionnels.

Des cours d'informatique pour deux euros par an

La récréation est de courte durée. À 14 h 30 pile, une jeune fille presse ces dames de rejoindre leur salle de cours. La maison d'Espoir pour la femme et l'enfant abrite trois

18 Entretien avec l'un des auteurs, 18 mai 2006.

petites salles de classe sommairement meublées de pupitres et de chaises en bois, de grands tableaux noirs. « On a créé trois classes primaires du niveau du CP, du CE1 et du CE2. Les cours sont gratuits. Ils ont lieu les lundis, mardis et jeudis de 14 h 30 à 17 h 00. Pour être admise dans la classe supérieure en fin d'année, il faut avoir le niveau, sinon on redouble. On compte une vingtaine d'élèves par classe », explique l'institutrice en charge du CE1, qui déplore un absentéisme trop élevé à son goût. L'enseignement dispensé est calqué sur celui de l'école publique : dictée, lecture, écriture, calcul... Les mercredis et vendredis, les maîtresses, toutes bénévoles, dispensent en option des cours de français, de géographie, d'histoire et de culture islamique.

Dans la cuisine crasseuse, c'est l'effervescence. Une dizaine de femmes s'affairent autour d'une grande table en métal où une enseignante leur montre, ciseaux en main, comment tailler un pantalon dans du tissu. En plus des cours d'alphabétisation, on peut s'inscrire à des ateliers de couture, de décoration d'intérieur, de cuisine et d'informatique. Facturés entre deux et trois euros l'année, ils ont vocation à permettre aux femmes de créer leur microentreprise, de couture par exemple, et de les aider à mieux entretenir leur maison. Celles qui y assistent sont jeunes et dotées d'un projet professionnel. C'est le cas de cette jeune chômeuse de trente-deux ans, inscrite à l'atelier d'informatique, qui rédige son CV sur l'un des quatre ordinateurs. « J'ai passé ma licence de biologie animale il y a douze ans. Faute d'un emploi, je suis devenue femme au foyer. À part l'association, personne ne m'a jamais aidé à m'en sortir ni tendu la main. Maintenant, je me forme aux logiciels Word et Excel pour trouver un job de secrétaire », témoigne-t-elle dans un français fluide.

El Batoul, l'une des responsables d'Espoir pour la femme et l'enfant, approuve. Avec ses amies, elles ont galéré pour en arriver là. À les entendre, le mouvement n'est pas en mesure de les aider financièrement : « Trop pauvre pour cela. » Elles seraient même obligées de payer de leur poche le loyer mensuel de 120 euros de la maison de 100 mètres carrés transformée en local associatif. Pour se faire connaître, elles ont dû se montrer particulièrement opiniâtres, distribuant des prospectus dans les boîtes aux lettres et se livrant à du porte-à-porte. « J'ai rendu visite à des familles qui emploient de jeunes bonnes illettrées et suis repassée jusqu'à ce qu'elles acceptent que la petite vienne s'instruire », raconte El Batoul.

Malgré le manque de moyens, l'association se développe. Et propose de nouvelles activités comme ces conférences sur la santé au féminin, la contraception, la sécurité sociale ou la retraite. Peu de problèmes avec la police, ce qui est plutôt rare quand on se revendique de Justice et Bienfaisance. Juste un mouchard qui passe la tête de temps à autre pour rédiger un rapport. Avec le raidissement des autorités contre ces islamistes, il devient difficile d'occuper le terrain social. Les associations les plus récentes attendent toujours l'agrément des municipalités pour exister officiellement ou se voient interdire de louer des locaux pour leurs activités. « Alors on ruse, rigole une militante d'une autre ville. On tait notre appartenance à Justice et Bienfaisance et on adhère à des associations qui ont pignon sur rue. Ça reste le meilleur moyen de ne pas se faire claquer la porte au nez quand on veut organiser une conférence pour, par exemple, expliquer aux femmes comment bien allaiter. En général, il y a autant de policiers que de participantes dans la salle ! »

Selon les responsables de la section féminine, les associations de charité ne sont pas des lieux de recrutement et l'on n'y enseigne pas la doctrine du mouvement. À Kénitra, la majorité des femmes inscrites à Espoir pour la femme et l'enfant ne sont d'ailleurs pas adhérentes. Si le prosélytisme ne semble donc pas être la règle, les responsables de l'association ne se privent pourtant pas de faire indirectement allusion aux thèses du cheikh Yassine. « On répète aux femmes qu'elles sont des victimes de l'Histoire, qu'à cause de faux islamistes qui voulaient le pouvoir pour eux tout seuls on leur a inculqué des choses fausses sur la religion. On leur raconte que le Prophète consultait les femmes dans les affaires de l'État, qu'elles n'ont jamais eu vocation à être enfermées à la maison. On essaie de faire en sorte qu'elles deviennent ce que Sidna Mohammed voulait faire de nous. »

Un discours parfaitement conforme à la doctrine officielle du mouvement. Ainsi, en juin 2005, lors d'une conférence en Europe, Nadia Yassine présentait Justice et Bienfaisance en ces termes : « Nos écrits de base remettent en question l'histoire officielle du pouvoir en mettant le doigt sur tous les détournements à des fins politiciennes subis par le message coranique à l'heure des grands schismes de l'Islam, quelques décennies après la mort du Prophète. [...] Depuis le coup d'État omeyyade, la Révélation fut prise en otage par le pouvoir et servit la cause des tyrans avec la complicité consciente ou inconsciente d'une certaine jurisprudence. [...] Tout s'en trouva remis en question : de la théorie du pouvoir jusqu'au statut de la famille... »

Des journées portes ouvertes

Lorsque les membres de Justice et Bienfaisance partent à la pêche aux adhérents dans les quartiers populaires, le volet intellectuel et historique de leur discours s'estompe comme par magie. Place au concret. À partir de 1995, le mouvement organise chaque été des campings « islamistes » sur plusieurs plages des côtes marocaines. Ils seront interdits à partir de 2000. Cette année-là, celui de Sidi-Bounaïm, à proximité de Casablanca, a rassemblé 30 000 familles. Au menu : des conférences et des débats sur la politique, l'économie ou la culture, quelques formations professionnelles pour les vacanciers membres de syndicats, des spectacles et baignades séparés pour les hommes et les femmes. Au printemps 2006, changement de programme : Justice et Bienfaisance organise des journées portes ouvertes dans tout le royaume, auxquelles les autorités ont mis fin au bout de quelques semaines.

La petite ville de Settat, à une cinquantaine de kilomètres de Casablanca, a tenu les siennes la semaine du 10 mai, dans un quartier populaire surnommé « Dallas » en raison de l'anarchie qui a prévalu lors de son édification. Le spectacle est désolant : ruelles non goudronnées, immeubles vétustes, adolescents sniffant de la colle, hommes perdus dans les rues laissant augurer d'un taux de chômage record. Sur place, les militants islamistes distribuent à tour de bras des tracts invitant les badauds à pousser la porte de la petite maison louée pour l'occasion. En ce milieu d'après-midi, un jeune homme tout sourires, vêtu d'une djellaba blanche immaculée, accueille les visiteurs, dont une majorité de femmes et d'enfants. Pour parer à tout débordement, une poignée de militants musclés se tiennent discrètement à l'écart.

« Bienvenue, bienvenue aux journées portes ouvertes de Justice et Bienfaisance ! » Au premier étage de la maison, trois femmes jouent les hôtesses, verres de lait, dattes et prospectus en main. La chaleur est étouffante compte tenu de la foule : 2 000 visiteurs par jour selon les organisateurs. D'ailleurs, une trentaine de personnes se sont réfugiées sur le toit aménagé en salle de prière, pour prendre l'air. « Nous ne sommes pas en train de recruter à tour de bras, nous prévient d'emblée un militant. Notre souci est plutôt de montrer qui nous sommes vraiment. Nous passons trop pour un mouvement d'intellectuels. De plus, nous sommes victimes d'une campagne de la presse aux ordres qui nous réduit au voile et à la barbe. » Effectivement, lors du premier semestre 2006, les titres affiliés à des partis politiques ou proches du pouvoir se sont déchaînés contre Justice et Bienfaisance, l'accusant à tort de sombrer dans le radicalisme et d'œuvrer à la destruction du système politique.

À Settat, le souci des organisateurs semble plutôt de canaliser le flot continu de visiteurs. « Ne restez pas dans l'entrée, rejoignez ce groupe ! La visite guidée démarre dans quelques secondes », s'énerve une militante. Les journées portes ouvertes sont en réalité une exposition en trois parties sur le mouvement : la vie et l'œuvre du cheikh Yassine, le militantisme islamiste et une projection vidéo d'une efficacité redoutable. Sur un fond musical entraînant – le « futur hymne du Maroc », s'amuse-t-on dans la salle –, les images chocs défilent. Manifestants parfaitement alignés et disciplinés, tabassages sauvages par la police, femmes gisant à terre… « Nous sommes les victimes d'un régime qui se prétend démocratique » semble visiblement le message subliminal. La ficelle est grosse, mais les spectateurs sont impressionnés. Leur silence puis les applaudissements nourris en témoignent. « Je pense que je vais rejoindre Justice et Bienfaisance. Ils réforment la société. Tout doit changer au Maroc... » s'enthousiasme une femme. Pour une autre, c'est : « *Inch'allah*, on verra plus tard si j'adhère ou non. »

En plus de présenter, photos à l'appui, l'organigramme du Cercle politique et les diverses facettes du militantisme (compagnonnage, sections syndicale, féminine, de la jeunesse...), l'exposition met l'accent sur le « revers de la médaille » d'un engagement aux côtés du cheikh Yassine : procès fleuve de sa fille, interdiction de toutes les publications du mouvement et surtout condamnation à vingt ans de prison de douze étudiants islamistes, au tout début des années 1990, pour « coups et blessures ayant provoqué la mort ». « Nous considérons ces étudiants comme des détenus politiques. Leur procès était truqué. Nous soutenons et soutiendrons financièrement leurs familles jusqu'à leur libération », explique l'un des guides [19]. Sous-entendu : Justice et Bienfaisance n'abandonne jamais les siens.

Cerise sur le gâteau, au sortir de l'exposition la police offre un petit frisson aux visiteurs. Des dizaines d'habitants du quartier se sont regroupés devant l'entrée de la maison

---

19 Sur son site web <www.aljamaa.com>, l'un des principaux outils de communication du mouvement, Justice et Bienfaisance indique au sujet de cette affaire : « 1er novembre 1991 : Commence la grande épreuve pour les frères étudiants d'Oujda. Les forces du désordre prennent d'assaut plusieurs maisons où ils logent et procèdent à l'arrestation d'un grand nombre d'entre eux, dont vingt-neuf paraissent devant le tribunal de la cour d'appel d'Oujda. Après une semaine de tortures et d'interrogatoires, et suivant un dossier fabriqué de toutes pièces, ils sont inculpés, entre autres, de coups et blessures ayant provoqué la mort. Les peines sont très lourdes et expriment bien la rancune du régime envers le mouvement et ses étudiants : vingt ans de prison ferme pour onze d'entre eux et pour un douzième qui les rejoindra bientôt, et de deux à trois ans pour les autres. »

où se tiennent les journées portes ouvertes. Derrière eux, des policiers en civil se déploient calmement, « couverts » par quatre fourgons de police stationnés à une dizaine de mètres. Les habitants n'opposent aucune violence aux forces de l'ordre, mais une hostilité silencieuse et palpable, comme c'est souvent le cas lorsqu'une manifestation de Justice et Bienfaisance dégénère. Ce n'était qu'un avertissement, la police n'interviendra pas. C'était aussi l'une des dernières journées portes ouvertes organisées, puisque les forces de l'ordre empêcheront systématiquement la tenue des suivantes.

À l'instar du quartier de Dallas, à Settat, la stabilité du Maroc dépend-elle maintenant en partie de l'évolution des relations entre les autorités et Justice et Bienfaisance ? « Nous sommes trop nombreux pour être jetés en prison », se plaisent à claironner les militants. Si la base du mouvement croit dur comme fer à l'aboutissement de la *Qawma*, le Cercle politique formule en parallèle des propositions très politiques. Sait-on jamais... Certains observateurs, dont l'islamologue Mohamed Darif, pensent qu'après la mort d'Abdessalam Yassine le mouvement accélérera sa politisation, faute de successeur spirituel digne du cheikh, puis que des courants internes verront le jour. « Certains membres dirigeants sont prêts à accepter les règles du jeu politique. Il y a des contacts informels avec les autorités. Des journalistes et des savants religieux servent de canaux de transmission. Abdessalam Yassine décédé, un accord pourrait être conclu », estime-t-il [20].

20 Entretien avec l'un des auteurs, 21 juin 2006.

Ce n'est d'ailleurs pas la première fois que le pouvoir tente de négocier avec Justice et Bienfaisance. Après quelques tentatives infructueuses entre 1987 et 1988, il revient à la charge en juillet 1991, lorsque le cheikh Yassine est en résidence surveillée et ses principaux lieutenants en prison. Objectif : convaincre le mouvement de renoncer à certains de ses principes. « Mais la position de la direction est inébranlable et la réponse, très décevante pour les autorités, annonce l'échec des tractations malgré les largesses des tentatives de corruption. Ce qui va les pousser à des restrictions et des pressions de plus en plus fortes pour obtenir des concessions », rétorque Justice et Bienfaisance sur son site web aljamaa.com.

Rebelote en 2000, quand un émissaire royal marchande au passage les conditions de la libération de Yassine. Rien n'y fait. Justice et Bienfaisance refuse d'entrer dans l'arène politique aux conditions du Palais et persiste à rejeter la Commanderie des croyants. Pour le sociologue Saïd Lakhal, toutes les tentatives des autorités seront vouées à l'échec : « Jamais ces islamistes-là ne s'intégreront au jeu politique officiel. Pour Yassine, participer à des élections, c'est prolonger la longévité du régime en place. Ils iront au bout de leur *Qawma*. Ils appelleront un jour à la désobéissance civile, c'est-à-dire à ne pas voter, à ne plus payer ses impôts, à ne plus envoyer ses enfants à l'école, et à la grève générale [21]. »

Intégration ou révolution : quel chemin empruntera Justice et Bienfaisance lors de la décennie à venir ? Certains jeunes cadres se prennent à rêver d'une participation

21 Entretien avec l'un des auteurs, 24 juin 2006.

directe au jeu politique. Les islamistes du Parti de la justice et du développement (PJD), le concurrent du mouvement du cheikh Yassine, ont, eux, déjà fait ce choix. Et font figure de favoris pour les élections législatives de 2007. Un cadeau empoisonné...

3

Le PJD : des islamistes « fréquentables »

Casablanca, dimanche 25 mai 2003. L'avenue des Forces armées royales, l'une des principales artères de la ville, est noire de monde. La foule s'étend à perte de vue. La télévision marocaine parle de deux millions de manifestants. Hommes, femmes, enfants, politiques, responsables associatifs, membres du gouvernement... De nombreux Marocains ont répondu à l'appel des principaux partis politiques et associations du royaume. Ils sont descendus dans la rue scander leur rejet du terrorisme islamiste qui a endeuillé Casablanca une semaine plus tôt. Les images atroces des corps déchiquetés par les bombes et le chiffre de quarante-cinq morts imprègnent encore les esprits. Dans les rangs des manifestants, l'émotion est palpable. La détermination aussi. Comme pour conjurer le traumatisme et éloigner le mauvais sort, les banderoles délivrent un même message : « Les terroristes n'ont pas de place au Maroc », « Non à la haine et à l'extrémisme », « L'Islam, religion de tolérance », « Touche pas à mon pays ». Fait rare, le cortège est emmené par le Premier ministre lui-même, Driss Jettou.

À y regarder de plus près, une délégation manque à l'appel : celle des islamistes modérés du Parti de la justice et du développement, plus connu sous le sigle PJD. Rien d'étonnant, on les a mis à l'index. Qui leur en veut ? Une large partie de la société civile, la majorité des médias et la totalité de la classe politique marocaine, surtout celle bien en cour. Dans les heures qui ont suivi les attentats, les dirigeants du PJD ont pourtant fait le nécessaire. Ils ont condamné le terrorisme, répété qu'ils n'étaient pas liés aux poseurs de bombe, martelé qu'ils n'emprunteraient pas la voie de la violence. Rien n'y a fait. On leur reproche officiellement d'avoir une « responsabilité morale » dans les attentats. Officieusement, on voit là l'occasion inespérée de porter un coup aux ambitions électorales de ces barbus aux dents longues.

Les touristes français aimant flâner dans les souks colorés de Marrakech l'ignorent sans doute, mais le Maroc possède un parti politique islamiste parfaitement légal : le PJD. Méconnu en Europe, le mouvement est pourtant considéré comme l'une des principales forces politiques du royaume. Depuis 2002, ses membres occupent même quarante-deux sièges de député au Parlement et dirigent cinq municipalités, dont celles de Meknès, Khénifra et Témara.

Barbus contre gauchistes

Le PJD est le fruit d'une histoire longue et tourmentée, qui débute en 1969. Un certain Abdelkrim Mouti, ancien gauchiste converti à l'islamisme radical, crée alors la « Chabiba Islamiya » (Jeunesse islamique). Le moment choisi est opportun : la Chabiba exècre la gauche radicale et le Palais royal est à la manœuvre pour contrer l'importation des idées marxistes et maoïstes. Par opportunisme politique, on laisse faire ces radicaux et on les manipule. Six ans plus tard, le 18 décembre 1975, l'irréparable est commis : le leader syndical Omar Benjelloun est assassiné et des éléments de la Chabiba sont mis en cause – même si nombre de Marocains pensent qu'ils étaient manipulés par les « services ». Condamné à perpétuité par contumace, son dirigeant, Abdelkrim Mouti, s'enfuit en Libye. « Après le meurtre de Benjelloun, il y a eu un grand débat en interne, se souvient aujourd'hui l'un d'entre eux, encore ébranlé trente ans après les faits. On était un mouvement prêchant l'islam. Pourquoi avoir basculé dans la violence ? Comment cela est-il arrivé ? Il en est ressorti qu'il fallait être rationnel, accepter l'autre. La foi ne s'impose pas, elle vient par conviction. Il ne faut plus classer les gens par rapport à l'islam pour les rejeter. Il faut être dans l'échange, participer au débat, bref entrer en politique. »

Des anciens de la Chabiba effectuent alors un virage à 180 degrés et créent en 1982 la « Jamâa Islamiya », l'association du groupe islamique. Parmi eux, un jeune et brillant ingénieur de vingt-huit ans, Abdelilah Benkirane, né dans une famille proche du parti conservateur de l'Istiqlal [1]. Dès

---

1 Aujourd'hui membre du bureau politique du PJD, Abdelilah Benkirane a joué un rôle clé dans la construction du parti. Il a toujours prôné le rapprochement avec le Makhzen. Un portrait de cet islamiste on ne peut plus fréquentable, paru dans *Le Journal hebdomadaire* en 2004, le décrit de la sorte : « Un prototype d'un islamisme militant, revu et corrigé pour mieux être adapté aux contraintes et nuances du jeu politique marocain, spécimen d'un subtil dosage entre l'être fondamentaliste et le paraître politique. [...] Il multiplie les signes de bonne disposition d'esprit pour une intégration dans le giron monarchique. » Selon un habitué des allées du pouvoir marocain, il aurait même franchi la frontière : « Je me rappelle que Benkirane envoyait des notes manuscrites au roi Hassan II. » Des

lors, ces islamistes ne cesseront de faire des appels du pied au pouvoir. Au début des années 1990, leur priorité est de décrocher le feu vert pour devenir un parti politique légal. Toute référence à l'islam dans leur appellation pose problème ? En 1992, la Jamâa Islamiya devient l'association Réforme et Renouveau. Quatre ans plus tard, en 1996, trois associations islamistes fusionnent. La nouvelle structure, qui s'appelle « Ligue de l'avenir islamique », rejoint Réforme et Renouveau, qui se nomme alors « Mouvement de l'unicité et de la réforme » (MUR). Il fédère plus de deux cents associations et représente l'« unification d'une partie de l'islamisme marocain [2] ». Malgré leur poids, le Palais leur refuse toujours le droit de se transformer en parti. Courant 1996, les stratèges de Sa Majesté se ravisent… à leur façon : ils laissent tactiquement les islamistes noyauter une petite formation à l'agonie, le MPDC (Mouvement populaire démocratique et constitutionnel).

Au milieu des années 1990, l'extrême gauche ne représente plus un danger pour la monarchie. On ne peut pas en dire autant, on l'a vu, du cheikh Abdessalam Yassine et de son mouvement islamiste Justice et Bienfaisance. Après avoir longtemps pris le vieux cheikh pour un illuminé – Hassan II l'avait fait enfermer trois ans et demi en asile psychiatrique, suivis de dix années de résidence surveillée –, le régime commence à se méfier de lui. Fervent admirateur de la révolution iranienne, grand pourfendeur de la monarchie, le cheikh recrute des fidèles par milliers.

Plutôt que de remédier à la détresse économique des Marocains et échaudés par le drame algérien, les stratèges

liaisons dangereuses qui vaudront d'ailleurs à Benkirane le sobriquet d'« islamiste de palais »…

2 Malika ZEGHAL, *Les Islamistes marocains*, *op. cit.*, p. 214.

royaux sortent alors de leurs chapeaux un coup comme eux seuls savent en produire. Ils décident de placer en orbite des « barbus » modérés acceptant l'institution monarchique. Leur calcul est simple : les labelliser « islamistes politiques marocains » pour créer un vote « vert ». Celui-ci présenterait le double avantage d'isoler Justice et Bienfaisance et de contrer la montée des « mauvais » barbus. La ficelle est grosse, mais est-ce gênant ? Nous sommes dans une monarchie absolue, avant tout soucieuse de sa pérennité. Ce calcul tordu est une aubaine pour les membres du futur PJD : interdits de se constituer en parti, ils essayaient déjà par eux-mêmes de trouver refuge dans une structure existante. Ils ont un temps frappé à la porte de l'Istiqlal, sans succès. Les responsables de la première formation politique du royaume exigeaient des islamistes qu'ils renoncent à intégrer les instances dirigeantes...

Avec le recul, le mariage arrangé entre le futur PJD et le MPDC prête à sourire. Ce dernier avait été créé en 1967 par l'ancien médecin du roi Mohammed V, le vénérable docteur Abdelkrim Khatib. On ne connaissait pas vraiment au bon docteur d'affinités tangibles avec les islamistes [3]. Personnage ambigu, ce dernier a très certainement vu dans cette alliance l'occasion de revenir aux affaires. « Le docteur Khatib est un homme du Makhzen. C'est même un éminent membre du Makhzen, explique un observateur averti des mœurs politiques marocaines. Le Palais pensait alors qu'il jouerait le rôle de la mère poule qui couve ses

3 Toutefois, en octobre 1999, la revue *Al-Hayat al-Yaumiya* publie un communiqué de la Chabiba Islamiya rédigé en Norvège. Ce dernier indique qu'Abdelkrim Khatib aurait hébergé, dans sa ferme située entre Casablanca et El-Jadida, le principal accusé dans l'assassinat d'Omar Benjelloun, un certain Abdelaziz Namani (Voir Ignace Dalle, *Les Trois Rois. La monarchie marocaine, de l'indépendance à nos jours*, Fayard, Paris, 2004).

petits poussins islamistes sans les laisser s'échapper. » Toujours est-il que les petits poussins en question se jettent avec voracité sur le MPDC. « Au début, ils se sont montrés très rassurants, valorisaient Khatib, le caressaient dans le sens du poil. En parallèle, ils plaçaient leurs hommes au sein du parti qui, ils le savaient, finirait par leur revenir », reprend notre observateur. Les petits poussins se montrent aussi très tactiques. Ils cèdent aux exigences du pouvoir, qui portent par exemple sur la reconnaissance de la Commanderie des croyants ou la défense de l'intégralité territoriale du Maroc. Le pacte tacite entre le MPDC et les islamistes sera scellé lors d'un congrès « autorisé » en 1996, où l'islamiste Abdelilah Benkirane devient le numéro deux du parti, derrière le docteur Khatib.

Donnant-donnant avec le pouvoir

C'est enfin en 1998 que le MPDC devient le Parti de la justice et du développement. Un parti que la politologue Malika Zeghal décrit comme « né de la convergence de parcours individuels, religieux et politiques, très diversifiés, d'hommes qui se sont regroupés dans une structure "mosaïque" ; les conflits internes y sont visibles et la concurrence entre les hommes fait partie des règles du jeu [4] ». Lorsque Mohammed VI monte sur le trône en juillet 1999, il ne remet pas en cause l'intégration de ces islamistes modérés au jeu partisan en place. Bien au contraire : pour son premier ramadan de roi, il invite l'idéologue du PJD, Ahmed Raïssouni, à animer une causerie religieuse.

4 Malika Zeghal, *Les Islamistes marocains*, *op. cit.*, p. 211.

Les islamistes sont alors confortés dans leur choix stratégique : la seule façon de changer le système est de l'intégrer. Ils espèrent le pousser à évoluer de l'intérieur, par petites touches, vers toujours plus d'islam. Quitte à y laisser quelques plumes, ou à se faire taxer d'« islamistes de service ». Mais les dirigeants du PJD ne sont pas à un scrutin près. Rien ne presse... Au Maroc, les élections ont en effet une légitimité pour le moins discutable, comme l'expliquait, quelques mois avant son décès en mars 2005, l'universitaire français Rémy Leveau, l'un des meilleurs spécialistes du royaume : « Nous sommes dans un système où le Palais passe des accords avec les partis politiques avant les élections. Il y a une constante depuis les élections d'avril 1963 : celles-ci ne doivent pas imposer la carte politique marocaine. Elles doivent simplement permettre de consolider les décisions prises au préalable par consensus avec les élites politiques [5]. » Le PJD évitera dès lors une confrontation directe et frontale avec le pouvoir, préférant opter pour une « opposition loyale [6] », surtout à partir de 2000. Il sait pertinemment qu'il peut faire les frais d'un revirement du régime à tout moment : dissolution, cabale montée de toutes pièces, soudaine émergence d'une nouvelle force politique concurrente... Un coup de baguette magique et tout est possible dans ce royaume, où l'aversion quasi physique qu'éprouve Mohammed VI pour les « barbus » n'est pas une fiction.

En gage de bonne volonté, le parti accepte, lors des législatives de septembre 2002, de modérer son appétit électoral et ne se présente que dans cinquante-sept circonscriptions sur quatre-vingt-onze. Il remporte néanmoins quarante-deux

---

5 *Le Journal hebdomadaire*, 24-30 janvier 2004.

6 Malika ZEGHAL, *Les Islamistes marocains*, *op. cit.*, p. 223.

sièges sur trois cent vingt-cinq et s'impose comme la troisième force politique du pays. Il réussit même un coup de maître à Casablanca, où onze de ses candidats sont élus députés. Pris par surprise, les militaires marocains, redoutant la perte de leurs privilèges économiques, auraient alors agité le spectre de la guerre civile algérienne... Là encore, le PJD courbe l'échine et ses dirigeants empruntent des chemins de traverse pour justifier leur autocensure en amont du scrutin. « En 2002, la situation externe et internationale était quelque peu spécifique, il ne faut pas l'oublier, explique maladroitement le vieux docteur Khatib [7]. Le parti a accepté de réduire sa participation pour ne pas créer des situations de conflit entre le Maroc et les impérialistes américains. » Le calcul des dirigeants du PJD était alors de s'imposer comme une force politique majeure en 2002, ce qu'ils ont fait, puis d'asseoir leur suprématie aux élections communales de 2003 pour rafler la mise aux législatives de 2007 et entrer au gouvernement. Les attentats de Casablanca du 16 mai 2003 en décideront autrement.

La déflagration des bombes se répand telle une onde de choc et chamboule la paisible vie politique du royaume chérifien. Ceux que la presse marocaine appelle les « sécuritaires » se saisissent de l'occasion pour asseoir un peu plus leur pouvoir au sommet de l'État. Eux aussi sont réfractaires aux islamistes et en profitent pour mettre le PJD au pas. À en croire une autre note confidentielle du ministère français de la Défense datée de juin 2003, le monarque en personne n'y serait pas allé de main morte. Selon le numéro deux de la DST marocaine de l'époque, Noureddine Benbrahim, le roi a reçu cinq des dirigeants du PJD entouré

7 *Le Journal hebdomadaire*, 13-19 décembre 2003.

d'un quarteron de « sécuritaires ». Parmi ceux-ci figuraient le puissant patron de la Gendarmerie royale, le général Hosni Benslimane, et le chef du renseignement extérieur, le général El-Harchi. Mohammed VI aurait alors lancé cet ultimatum aux islamistes : « Si [vous ne collaborez] pas cette fois, la chasse aux sorcières commencera sans pitié. »

Cette fois, il ne s'agit visiblement pas de paroles en l'air. Cette seconde note de la Défense française de juin 2003 faisant état de propos de Fouad Ali El Himma, alors secrétaire d'État à l'Intérieur et très proche collaborateur du roi, témoigne du tournant autoritaire que prend le règne de Mohammed VI. Parlant des islamistes en général, El Himma aurait déclaré : « Nous passerons à l'acte et à la logique de l'œil pour l'œil. Ils nous poussent à revenir à l'époque d'Oufkir [8] », c'est-à-dire les liquidations discrètes par différents moyens, précise la note. Ce chantage et ces menaces proférées au plus haut niveau de l'État ont-ils eu l'effet escompté ? Très certainement. Le numéro deux de la DST marocaine, décidément très bavard, affirmait en 2003 que déjà le PJD avait « pas mal aidé les autorités après le 11 septembre à localiser tous ceux qui ont des rapports ou ont eu des rapports par le passé avec les réseaux Ben Laden »...

8 Homme de confiance d'Hassan II, le général Mohamed Oufkir a été surnommé le « boucher » après les violentes répressions qui ont suivi un soulèvement du Rif en 1958 et les événements de Casablanca du 23 mars 1965. Le 16 août 1972, il organise un putsch contre Hassan II, au cours duquel des avions de chasse tentent d'abattre le Boeing royal. Le coup d'État échoue et le général Oufkir sera « suicidé » quelques jours plus tard. Sa femme et ses six enfants seront emprisonnés pendant près de vingt ans dans un bagne secret et dans d'effroyables conditions de détention.

Le PJD baisse le ton

Seconde étape de la mise au pas du parti islamiste : s'ingérer sans vergogne dans son fonctionnement interne pour faire taire ses membres les plus virulents. Là encore, la menace d'interdire purement et simplement le parti est brandie.

L'une des cibles privilégiées du régime est Mustapha Ramid, un tonitruant député à la carrure imposante et au regard perçant, qui ne mâche pas ses mots. Catalogué à juste titre comme « contestataire » par les services de renseignement marocains, il n'a jamais caché que les prérogatives du roi devaient être revues à la baisse. Avocat de profession, le député Ramid n'a pas hésité non plus à défendre plusieurs salafistes condamnés pour « terrorisme » aux lendemains des attentats de Casablanca ni à dénoncer les abus des droits de l'homme dont ils ont été victimes. Mais difficile de faire trébucher l'homme : il est réputé intègre et demeure populaire auprès de la base du parti.

Le pouvoir trouvera néanmoins la parade. En 2003, il le force à démissionner de son poste de président du groupe parlementaire du PJD. Quelques mois après son départ, Mustapha Ramid, abattu, racontera au *Journal hebdomadaire* sa mésaventure en ces termes : « À l'approche de la date du vote, [...] le ministre de l'Intérieur et son ministre délégué ont contacté des membres du secrétariat général pour leur signifier apparemment leurs réserves quant à mon élection à la présidence du groupe parlementaire du PJD. Les députés du parti ont discuté cette question et m'ont élu à nouveau. [...] Quand j'ai informé la présidence du Parlement de mon élection, le ministre de l'Intérieur a contacté le secrétariat général pour formuler de manière plus claire son veto et nous a menacés. Il a parlé d'une rupture entre le parti et le pouvoir. [...] J'ai donc préféré démissionner pour éviter au parti d'avoir des problèmes [9]. » Le comportement maladroit du ministère de l'Intérieur fait même sortir de ses gonds le vieux docteur Khatib, qui s'affiche pourtant aux côtés du roi. « J'ai alors estimé et j'estime encore que l'Intérieur n'a pas à se mêler des affaires internes d'un parti politique qui a toujours conservé son indépendance. [...] On ne peut pas obliger un parti politique à suivre les ordres de l'Intérieur. Il ne faut pas tromper le peuple. Nous sommes là comme la Constitution le demande, qu'on nous laisse travailler librement, qu'on nous fiche la paix [10]. »

Ostracisé, affaibli et soucieux de ne pas être dissous, le PJD est contraint d'attendre des jours meilleurs et de faire le dos rond. Il est de surcroît contraint de multiplier les concessions prouvant qu'il mérite sa place dans le système politique marocain. Ses responsables avalent d'énormes couleuvres royales, validant par exemple la loi antiterroriste de mai 2003. Ironie du sort, celle-ci est pointée du doigt par des ONG internationales de défense des droits de l'homme comme Amnesty International et Human Rights Watch, en raison des graves abus dont ont été victimes des... islamistes. Mais surtout, lors des élections communales de 2003, le parti ne se présente que dans moins de 20 % des circonscriptions. Dire qu'il comptait sur ce scrutin pour aborder les législatives de 2007 en position de force !

Le PJD se réforme également en profondeur. Lors de son cinquième congrès, en avril 2004, le rassurant Saâd Eddine El-Othmani est élu secrétaire général. Psychiatre de formation, également diplômé en théologie et père de trois enfants, cet islamiste bon ton et très BCBG présente un

9 *Le Journal hebdomadaire*, 13-19 décembre 2003.

10 *Ibid.*

avantage : « Il est lisse comme un galet [11]. » « Lorsqu'il accompagnait le docteur Khatib avant que ce dernier ne passe la main, il n'était pas rare qu'on le prenne pour son chauffeur ! » s'exclame un observateur qui l'a un temps côtoyé.

À l'image de son nouveau secrétaire général, le parti se fait consensuel. Il lâche du lest sur tous les dossiers : la réforme de la *Moudawana*, le code de statut personnel, l'accord de libre-échange conclu avec les États-Unis... Il réitère son attachement à la Commanderie des croyants et à l'intégrité territoriale du Maroc. Le Palais ne pouvait en espérer autant. Il tient enfin un parti islamiste fréquentable à tous points de vue... et sait le récompenser comme il se doit. C'est en tout cas ce que laisse entendre une autre note du ministère français de la Défense du début des années 2000. Le numéro deux de la DST marocaine, Noureddine Benbrahim, y raconte que « le Palais a donné des instructions en vertu desquelles des appels d'offres en matière de BTP soient accordés à des sociétés appartenant au PJD [12] »...

---

11 Thierry OBERLÉ, « La poussée inquiétante des islamistes marocains », *Le Figaro*, 19 septembre 2006.

12 Cette note du ministère de la Défense français apporte également quelques précieux renseignements sur certaines sources de financement du PJD. À prendre toutefois avec des pincettes. Selon Noureddine Benbrahim, le parti islamiste « recevait depuis longtemps des aides de fonds koweïtiens et saoudiens. [...] Une grande partie de leur financement provient des hommes d'affaires, des commerçants résidant à l'étranger, plus particulièrement en Europe. Parmi leurs bailleurs de fonds à l'intérieur du pays, figure X., patron [d'une] puissante holding [...], ainsi que le réseau d'épiciers berbères réparti dans les grandes villes ». Toujours selon cette note, le PJD aurait entretenu des relations avec le régime de Saddam Hussein, en Irak : « Le PJD a de très bonnes relations avec le régime irakien, malgré ses critiques à son égard lors de l'invasion du Koweït. L'Irak a réglé la grosse partie de sa dette à des fabricants de textile marocains. Ce règlement est passé par le PJD. Bagdad achète par le

Un programme dégoulinant de bonnes intentions

Trois ans après les attentats du 16 mai 2003, la stratégie d'effacement du PJD a fini par payer. Alors que le Maroc entre laborieusement en campagne électorale – des législatives sont en principe programmées pour 2007, dont la date exacte n'est pas fixée –, les islamistes sont revenus sur le devant de la scène. Mieux, ils sont passés du statut de pestiférés à celui de formation politique courtisée.

En novembre 2005, le PJD s'offre le luxe de s'allier à un petit parti libéral, les Forces citoyennes. Celui-ci est dirigé par un ancien président de la CGEM, l'équivalent marocain du Medef. Les deux formations politiques signent même un accord de partenariat dont le but est d'« activer les initiatives politiques à même de relever les défis qui se présentent à l'échelle nationale et internationale ». Abderrahim Lahjouji, l'ex-patron des patrons marocains, ne tarit plus d'éloges sur ses nouveaux alliés et déclare à leur sujet : « Ce sont des gens sérieux. Ils ne remettront pas en cause les grands choix économiques, car ils savent que le Maroc doit réussir son intégration dans la mondialisation. Et ils sont sans doute plus à même que d'autres de conduire les couches populaires vers la modernité, parce que plus crédibles et plus accessibles aux yeux de celles-ci que la minorité occidentalisée [13]. » Un an plus tard, l'attractivité qu'exerce le PJD n'a en rien diminué, au contraire. Surtout aux yeux de l'opinion publique. Deux sondages réalisés par un institut américain courant 2006 et à six mois

biais de l'accord "Pétrole contre nourriture" des marchandises aux hommes d'affaires proches du parti. »

13 *L'Express*, 13 avril 2006.

d'intervalle sont aussi formels que des sondages peuvent l'être : si des élections législatives ont lieu « demain » au Maroc, le PJD remporte la majorité absolue au Parlement. Mieux, il creuse un sacré écart avec les autres partis politiques traditionnels.

Il faut dire que, dans ses méthodes de travail, le parti islamiste a toujours pris soin de se différencier des autres grandes formations du royaume et de leur laisser-aller. Ses comptes sont audités chaque année, ses congrès se tiennent à intervalle régulier et les mandats de ses dirigeants sont limités dans le temps. Une exception… Les députés PJD passent en outre plus de temps dans leur circonscription que dans la capitale. Ils se sont même lancés dans d'audacieux *road shows* à travers tout le pays pour rencontrer les électeurs. À les entendre, ils attireraient les foules « venues voir ces députés arrivant de Rabat alors qu'elles n'ont jamais aperçu leurs propres représentants ». « Au Maroc, le bilan des politiciens est décevant, car le quotidien des gens n'évolue pas. Le PJD est arrivé au moment où les Marocains ne se projetaient plus dans la classe politique. Nous mettons aussi en exergue notre histoire, notre religion et la lutte contre la corruption », nous explique ainsi posément Abdelkader Amara, vétérinaire, brillant député et membre du secrétariat général du PJD [14]. À entendre le député, la solide assise électorale dont jouit son parti s'expliquerait donc en partie par l'incompétence notoire de ses concurrents politiques.

Conscient qu'il est capital de présenter un visage avenant et rassurant à la communauté internationale, et notamment aux États-Unis, le PJD prend soin d'afficher un programme politique dégoulinant de bonnes intentions,

---

14 Entretien avec l'un des auteurs, 18 mai 2006.

que nous détaille Abdelkader Amara : « L'un des axes principaux en est la justice. La justice sociale d'abord. Six millions de Marocains vivent avec moins d'un dollar par jour. Nous voulons mettre en place une économie de marché solidaire, où l'État garantit aux citoyens un minimum de dignité. La justice entre les régions, maintenant : certaines n'ont pas accès à l'eau potable alors qu'à Casablanca les piscines sont remplies avec de l'eau du robinet. Le système judiciaire, ensuite : il est pourri. Le PJD veut ériger un pouvoir judiciaire indépendant et propre. Enfin, nous voulons assainir l'administration. Trop lourde et corrompue, elle fait peur aux Marocains, qui peuvent perdre leurs droits à tout moment. »

Autre thème cher au PJD, le « développement global », qui passe par la mise à niveau des grands secteurs de l'économie. Là, le discours se fait moins percutant, plus flou : « Les entreprises du domaine énergétique manquent de visibilité, car elles n'intègrent pas que le libéralisme se développe au Maroc. L'agriculture est encore vivrière et doit le rester jusqu'à ce que nous trouvions une alternative. L'industrie du tourisme ne doit pas se développer au détriment de nos enfants. Le tourisme sexuel est aujourd'hui toléré et c'est inacceptable », continue Abdelkader Amara, qui fait référence aux scandales pédophiles impliquant des étrangers, notamment à Marrakech et Agadir. Pour remédier à cette situation peu reluisante, le député du PJD estime que l'on doit s'éloigner de l'orthodoxie budgétaire prônée par le FMI et la Banque mondiale : « 65 % du budget de l'État est affecté à son propre fonctionnement. Je dis oui à l'accroissement de ce budget si on investit dans l'économie et si on réduit le train de vie de l'État. Les effectifs de l'administration sont trop nombreux. Pendant des années, on a entassé les gens par clientélisme. À l'époque de la mondialisation, on ne peut plus avoir des fonctionnaires fantômes et d'autres qui exigent des pots-de-vin au vu et au su de tous. »

Sans surprise, le PJD se proclame haut et fort en faveur de la démocratie, car « elle est compatible avec l'islam, puisqu'on n'y gouverne pas au nom de Dieu ». Le parti est également partisan d'une réforme constitutionnelle et d'une redéfinition des prérogatives du monarque, vieux serpent de mer marocain : « Nous ne voulons pas que les conseillers du roi s'occupent du pays, car ils ne sont pas élus. Nous pensons qu'il faut accroître les prérogatives du Premier ministre. Je vois le roi comme un arbitre, un garant. La société marocaine se déchire encore sur des thèmes religieux ou tribaux et a besoin de cet arbitre. Ces réformes prendront du temps et doivent être menées par les partis politiques. Mais avant, il faut qu'ils balayent devant leur porte. Certains n'ont pas tenu de congrès depuis dix-huit ans et ne savent pas ce qu'est la transparence financière. »

En parallèle, le PJD se positionne comme un parti à « référentiel islamiste ». Il faut tout de même se distinguer de la concurrence… À ce titre, il réclame la suppression partielle des intérêts dans l'octroi de microcrédits car, « dans l'islam, l'argent n'est pas vendu comme argent ». Ce positionnement stratégique lui permet aussi de toucher sa masse électorale, « analphabète, populaire et arabophone », pour reprendre les termes du député. « Lorsqu'on traite des bienfaits de la lutte contre la corruption, par exemple, les gens comprennent mieux quand on fait référence au Prophète qu'aux Nations unies », illustre-t-il, clin d'œil à l'appui. Derrière ce discours teinté d'opportunisme, le PJD prêche également la moralisation des mœurs, même s'il s'est fait plus discret sur la question depuis 2003.

« Aussi paradoxal que cela puisse sembler, ce parti est plus rigoriste que Justice et Bienfaisance », estime-t-on à la

Direction aux affaires stratégiques (DAS) du ministère français de la Défense. Ses membres les plus durs se fendent à intervalle régulier de sorties médiatiques explicites. À l'été 2000, le PJD s'en est ainsi pris aux comportements sur les plages, jugeant qu'ils « défient la morale, les mœurs générales et contredisent les jugements de la religion islamique et de ses valeurs ». En 2002, ce sont les nombreux festivals musicaux du Maroc, rares moments de loisirs gratuits, qui attirent ses foudres : organisés par des « modernistes », ils favoriseraient la « débauche ». Même réaction en mai 2006, lors de la sortie du film *Marock*, de Laïla Marrakchi, énorme succès commercial. Celui-ci raconte l'histoire d'amour torride entre deux Marocains de la jeunesse dorée, une musulmane et un juif. À défaut d'avoir obtenu son interdiction, le PJD a appelé au boycottage et a même caressé l'idée d'organiser des manifestations devant les salles de cinéma. S'il parvient un jour au pouvoir, les premiers à s'en rendre compte seront certainement les touristes français, si nombreux chaque année à passer leurs vacances au Maroc...

Le double discours du PJD lui permet de rassembler une base électorale aussi large qu'hétéroclite, qui se compose néanmoins d'une majorité d'urbains, de jeunes et de personnes ayant suivi des études [15]. Il lui sert également à braconner sur les terres de l'Istiqlal ou sur celles de Justice et Bienfaisance et à attirer de nombreux déçus du système.

15 Malika Zeghal, *Les Islamistes marocains*, *op. cit.*

Législatives 2007 : danger !

À l'approche des législatives en principe programmées pour la fin 2007, la fameuse base « flottante » du PJD est devenue l'objet de toutes les convoitises, de tous les fantasmes électoraux. Alors que, à l'automne 2006, les partis politiques affûtaient leurs stratégies en vue du scrutin, le PJD était confronté à un vrai dilemme : devait-il ou non se présenter dans toutes les circonscriptions ? En interne, comme d'habitude, les avis divergeaient : « Pour le moment, nous voulons nous présenter partout. Mais le choix final sera effectué lors de notre Congrès national, courant novembre 2006, nous déclarait, très prudent, le député Abdelkader Amara en octobre 2006 [16]. S'il le veut, le pouvoir a les moyens de nous limiter. Par exemple, à ce jour, on ne connaît toujours pas le mode de scrutin ni le seuil de représentativité. Nous sommes aussi totalement démunis face à l'utilisation de l'argent lors d'élections, comme cela a été le cas en septembre 2006 pour le renouvellement du tiers de la Chambre des conseillers [17]. »

Le député PJD Mustapha Ramid considère quant à lui que son parti doit de nouveau faire preuve d'autorégulation : « Ce serait une catastrophe pour nous comme pour le

---

16 Entretien avec l'un des auteurs, 9 octobre 2006.

17 Le Maroc est doté d'un système parlementaire bicaméral : une Chambre des représentants où siègent les députés, élus au suffrage direct, et une Chambre des conseillers où les membres sont désignés par un corps de grands électeurs. En septembre 2006, un tiers des conseillers ont été renouvelés et, mystérieusement, aucun membre du PJD n'a obtenu de siège. En effet, le parti islamiste se refuse catégoriquement à acheter des voix et il est de notoriété publique que l'argent a alors coulé à flots… D'ailleurs, à la mi-octobre 2006, soixante-sept personnes étaient poursuivies par le parquet pour « corruption, obtention et tentative d'obtention des voix d'un ou de plusieurs électeurs en contrepartie de présents ou de dons dans l'objectif d'influer sur leur vote ».

bicameral

pays que d'arriver au gouvernement ! Nous sommes le dernier espoir de la population marocaine. Or, dans la situation constitutionnelle et institutionnelle actuelle, ni le Premier ministre ni le gouvernement ne peuvent appliquer un programme. Nous sommes dans une monarchie exécutive où le roi gouverne. Pour y aller, il faut d'abord que celui-ci et les partis politiques s'entendent sur un changement constitutionnel nous permettant d'évoluer vers un système démocratique [18]. »

Malheureusement pour M. Ramid et ses amis, la monarchie tarde à se réformer... Malgré les beaux discours, la fonction première du gouvernement comme du Parlement reste d'entériner les décisions royales. En octobre 2006, le quotidien *Le Matin du Sahara*, porte-parole officieux du Palais royal, expliquait ainsi froidement : « Encore une fois, c'est un discours de Mohammed VI qui fixe les règles du jeu politique. À l'occasion, vendredi, de l'allocution devant le Parlement, les partis, les élites ainsi que tous les acteurs engagés dans la modernisation de la société marocaine, ont été fermement invités par le Souverain à prendre leurs responsabilités pour réussir les prochaines échéances électorales. Une mise à niveau s'impose afin que la voie démocratique choisie par le Maroc soit consolidée [19]. » L'incompétence et les mœurs politiques des partis ont décidément bon dos...

Dix ans après sa création, la terre promise et démocratique du PJD reste un mirage évanescent. Ses ténors en prennent acte, mais se gardent de se prononcer sur une question cruciale : de guerre lasse, une partie des électeurs ne risquent-ils pas d'aller voir ailleurs ? Écœurés par le

18 Entretien avec l'un des auteurs, 10 octobre 2006.

19 *Le Matin du Sahara*, 15 octobre 2006.

système partisan, qui peut garantir qu'ils ne choisiraient pas les islamistes de Justice et Bienfaisance ? Fort de plusieurs dizaines de milliers de militants, on l'a vu, ce mouvement possède un atout majeur : il ne s'est jamais compromis avec le pouvoir. Il ne dispose d'ailleurs même pas de l'autorisation de se constituer en parti politique.

Au-delà des législatives de 2007 – que nombre d'observateurs considèrent, sans doute naïvement, comme les dernières où l'on peut empêcher les islamistes d'arriver au pouvoir par les urnes –, il ne fait guère de doute que la partie ne se joue plus qu'entre trois acteurs : le Palais, le PJD et Justice et Bienfaisance. Conséquence, qu'indiquait fort lucidement à l'automne 2006 un excellent rapport du *think tank* américain Carnegie Endowment for International Peace : « La perception que le PJD a été coopté par le pouvoir pourrait lui faire perdre le soutien de nombreux Marocains qu'il attirait, non pas parce que c'est un parti islamiste, mais parce qu'ils croyaient que c'est le seul parti honnête au Maroc, qui ne soit pas tenu par des compromis avec le Palais [20]. »

De fait, avec l'incompétence de nombreux acteurs de la vie publique marocaine, la malhonnêteté, on va le voir, est sans conteste le frein majeur au développement économique du royaume et l'une des raisons majeures de l'audience accrue des islamistes.

---

20 Marina OTTAWAY et Meredith RILEY, « Morocco : from top-down reform to democratic transition ? », *Carnegie Papers*, Carnegie Endowment for International Peace, Washington DC, septembre 2006.

II

Chronique d'un désastre annoncé

4

Un « royaume en mouvement »

En 2006, certains hommes du Palais se sont efforcés de vendre à l'Occident, et surtout à la France, l'image d'un « royaume en mouvement ». Joli concept, qui a fait par exemple en mars la couverture du *Nouvel Observateur* [1], grâce sans doute à l'activisme d'un communicant français fraîchement sollicité par le gouvernement marocain, Olivier Le Picard – P-DG d'une petite société honorablement connue sur la place de Paris, Communication & Institutions, « cabinet conseil spécialisé en lobbying et en affaires publiques, [qui] conseille depuis plus de vingt ans les entreprises, les organisations professionnelles, les collectivités territoriales et les États [2] ». Depuis des années, Laurent Joffrin, patron de la rédaction du *Nouvel Obs*, et Olivier Le Picard font souvent du bateau ensemble, ce qui forge une

1 « Spécial Maroc. Portrait d'un royaume en mouvement », *Le Nouvel Observateur*, 9-15 mars 2006.

2 <www.cominst.com>.

amitié. Une proximité qui a peut-être contribué à la présentation sous son meilleur jour, en une du *Nouvel Observateur*, de la situation bien anémiée du royaume [3].

Lorsque Olivier Le Picard – qui, dans ses activités de lobbyiste, a notamment défendu le régime colombien et le groupe de cigarettes Philip Morris – se rend à Rabat au printemps 2006 pour rencontrer ses commanditaires, le ministre délégué à l'Intérieur Fouad Ali El Himma – homme fort du régime de « M6 » dont nous aurons l'occasion de reparler – et le patron de la télévision publique Fayçal Laraíchi, son discours est bien rodé. L'image du royaume en France, leur explique-t-il, ne souffre d'aucun nuage. Les oppositions ne seraient plus le fait que de quelques écervelés, journalistes au *Monde* ou au *Canard enchaîné*, ou d'altermondialistes en rupture de ban.

L'illusion de l'embellie de 2006

« Monsieur Bonnes Nouvelles », Olivier Le Picard propose un argumentaire impeccable, fort éloigné des réalités marocaines. Ce brillant communicant a ainsi expliqué à l'un des auteurs de ce livre qu'une génération plus jeune a pris les commandes au Maroc, que l'ère des prébendes a

---

3 Grâce à l'offensive de la rédaction de l'hebdomadaire, et notamment du service étranger qui avait été tenu à l'écart de la fabrication de ce supplément, dont 20 000 exemplaires devaient être vendus au Maroc, Laurent Joffrin a pris l'initiative tardive d'envoyer deux journalistes enquêter sur la situation politique et sociale du royaume marocain. Les articles de Sarah Daniel et de Farid Aïchoune ont permis à ce supplément de rendre compte avec une certaine rigueur journalistique des réalités marocaines. Surpris par le contenu final du supplément qui n'était pas celui qui avait été annoncé, le régime marocain devait finalement empêcher la diffusion à grande échelle de l'hebdomadaire.

cessé, que le régime est décidé à assainir les traditions corrompues des passations de marché : « Aux boîtes françaises de comprendre que la donne a changé et que désormais des appels d'offres sont passés, le gré à gré est terminé [4]. »

Dans ses bagages, cet habile homme a emmené au Maroc Emmanuel Todd, le célèbre démographe et universitaire qui avait soufflé à Chirac en 1995 l'idée judicieuse de faire campagne sur la « fracture sociale ». Aidé d'un universitaire marocain, Todd a démontré dans un dossier d'une cinquantaine de pages que les fondamentaux du Maroc en matière démographique étaient en train de basculer dans le bon sens [5]. Ainsi l'indice de fécondité a chuté, ces dernières années, de façon manifeste. Une certaine régulation des naissances s'est progressivement imposée, notamment, expliquent les deux chercheurs, à l'initiative des hommes plus que des femmes [6].

Tout irait donc pour le mieux au royaume enchanté. Il faut dire qu'Olivier Le Picard, efficace lobbyiste, a eu la chance d'être servi en 2006 par une conjoncture particulièrement favorable. Le Maroc a en effet connu une réelle embellie économique. La croissance annuelle de l'économie flirte alors avec les 7 %, grâce notamment à une pluviométrie favorable et à de bonnes récoltes. Autre motif de satisfaction, les investissements du Golfe continuent à affluer. Avec une douzaine de milliards de dollars de projets

---

4 Un des auteurs a rencontré plusieurs fois Olivier Le Picard en 2005 et 2006, dont une fois en présence de Fayçal Laraichi.

5 Le rapport Todd n'a malheureusement pas été rendu public. Olibier Le Picard en a livré quelques bribes aux auteurs.

6 Ce qui est aussi le cas, dans une moindre mesure, en Algérie, où l'urbanisation massive, la crise du logement et la difficulté à joindre les deux bouts ont provoqué une chute des naissances, et cela souvent à l'initiative des hommes.

d'investissements, l'émirat de Dubaï est en tête. Mais il faut compter aussi avec le Koweït, 5,7 milliards de dollars, le Qatar, plus d'un milliard de dollars, ou Abou Dhabi, un autre milliard.

Résultat, le marché de l'immobilier, pour lequel les investisseurs du Golfe ont une prédilection, est en ébullition. Soleil, proximité, facilités fiscales, accueil chaleureux, le Maroc est également plébiscité par quelque 40 000 Français qui se sont installés à Marrakech, Tanger ou Agadir, dont 4 000 d'entre eux pour y couler une paisible retraite. Et bénéficier, pour certains, d'un régime favorable de résident fiscal [7]. Partout, on achète, on construit et on rêve à un Maroc devenu la Californie de l'Europe : 5,4 milliards d'euros ont été investis dans l'immobilier pour la seule année 2005.

« Les investisseurs croquent Marrakech à pleines dents », note l'hebdomadaire marocain des « décideurs », *Challenge*. La capacité hôtelière de la « perle du Sud » s'est accrue de 20 % pour la seule année 2006, avec en chantier une vingtaine d'hôtels neufs ou refaits. Seul hic, la plupart des hôtels trois étoiles et un certain nombre de quatre étoiles ne répondent pas aux normes en vigueur, a constaté la commission de classement des établissements touristiques de Marrakech en septembre 2006 : conservation de produits alimentaires peu frais, possibilités d'explosions

7 En pratique, deux types de statut fiscal existent en effet au Maroc pour les étrangers. Car des décrets d'« exemption » fiscale auraient institué un autre régime, totalement exorbitant, du droit commun de résident fiscal marocain : ils permettent à deux cents ou trois cents privilégiés de bénéficier d'une exonération d'impôts générale et d'une libre circulation de capitaux et d'espèces entre le Maroc et l'étranger. Certains princes du Golfe et d'Arabie, ainsi que leurs familles, bénéficient de ces décrets, mais aussi quelques Français particulièrement choyés, dont, notamment, un écrivain et un industriel.

liées aux chaudières ou aux climatiseurs [8]. Sans parler du risque d'attentat. Notons que les grandes sociétés de promotion immobilière n'investissent pratiquement aucun budget dans la sécurisation des installations hôtelières. « Compte tenu de la présence islamiste au Maroc, note un ancien patron de la DST reconverti dans une officine privée, cette négligence des groupes immobiliers peut se payer un jour très cher. »

Même le FMI, qu'on a connu plus critique envers le Maroc, donnait quelques bons points au bon élève de Rabat. « L'ambitieux programme de réformes mis en œuvre par le Maroc depuis dix ans commence à porter ses fruits, lit-on dans le rapport publié en 2006. Les fondamentaux de l'économie se sont considérablement renforcés dans la libéralisation du commerce, le renforcement du secteur financier, les privatisations et l'ouverture du secteur des télécoms. » Excès d'optimisme ? Sans doute. Ce que le FMI ne dit pas, en effet, c'est que si les pluies n'avaient pas été au rendez-vous dans un pays où presque la moitié de la population vit de la terre, la croissance ne dépasserait pas les 3 %. On ne proclame pas plus que les investissements du Golfe dans l'hôtellerie créent *in fine* peu d'emplois et provoquent de gigantesques problèmes d'adaptation de l'économie marocaine, en matière d'approvisionnement en eau et électricité. Dernier oubli, le Maroc a tendance à vendre de la terre à bas prix aux émirs du Golfe, comme il a bradé un certain nombre d'entreprises nationales aux Français dans les années récentes.

Ce qu'oublient également un peu vite nos propagandistes, ce sont les analyses pessimistes du FMI des années précédentes. Les experts de Washington l'ont dit et redit à

---

8 Voit *Challenge hebdo*, 9-15 septembre 2006.

leurs interlocuteurs marocains, comme lors de la visite le 28 février 2005 de Rodrigo de Rato, directeur du FMI : la croissance annuelle moyenne de l'économie depuis dix ans, inférieure à 3 %, n'est pas assez soutenue pour réduire les poches de pauvreté et de chômage. Les agences de notation internationales comme Standard and Poor's restent très sévères envers le Maroc : flexibilité fiscale limitée, endettement trop élevé, indicateurs sociaux catastrophiques. Autant de réflexions reprises, en avril 2006, dans un rapport de la Banque mondiale. Le Maroc est un pays qui va bien, mais qui ne sort pas de l'ornière : « La problématique de la croissance au Maroc reste une énigme [9]. » Et ce rapport de regretter que l'économie marocaine manque d'un « leadership politique cohérent et consistant dans la durée ».

Le mirage libéral

Plus généralement, les experts du FMI ne parlent pas toujours d'or. Et l'ouverture à la mondialisation qu'ils préconisent n'est pas nécessairement une panacée, comme le montre le secteur du textile, un des points forts du royaume. Le Maroc s'est engagé, comme d'autres, dans la politique de libéralisation préconisée par le FMI et la Banque mondiale, même si c'est de façon prudente [10]. Mais depuis la fin du

9 *Royaume du Maroc. Mémorandum économique pays. Promouvoir la croissance et l'emploi par la diversification productive et la compétitivité*, rapport de la Banque mondiale n° 32948-MOR, 14 mars 2006.

10 Le FMI et la Banque mondiale constatent que le régime marocain de droits de douane est le troisième le plus restrictif dans le monde. En clair, l'économie marocaine resterait surprotégée, avec des taux de douane moyens de 52 % : selon nos experts, autant de « blocages du processus de transformation structurelle du secteur privé ». Ainsi, entre 2001 et 2004,

système des quotas d'importations pour le commerce mondial du textile, le 1er janvier 2005, le royaume semble incapable de réagir à la concurrence chinoise.

La France, premier débouché, ne résiste pas. Pour les experts de l'Institut français de la mode (IFM), le textile marocain est simplement trop cher. À terme, un tiers des emplois dans ce secteur risquent d'être profondément affectés. La différence pour un simple T-shirt est de l'ordre de deux dollars. « C'est de la faute de nos entrepreneurs, souligne un diplomate marocain, ils ont engrangé des bénéfices pendant des années en sachant que l'Europe était un marché protégé. Ils savaient bien que les quotas allaient disparaître, mais ils n'ont pas agi en conséquence [11]. »

En quittant les cimes macro-économiques et en plongeant dans des analyses plus serrées des réalités économiques et sociales, l'ensemble des experts se montrent très pessimistes. En 2005, le PNUD classait le Maroc au 124e rang mondial derrière l'Algérie, la Tunisie ou l'Égypte [12]. Le pays avance peut-être à pas comptés sur le plan économique, mais il régresse socialement. Et le grand programme de mise à niveau sociale lancé dans trois cent soixante communes par le roi durant l'hiver 2006 n'y peut rien, une grande partie de la population, notamment dans les campagnes, vit dans la misère. Ce que, dans la note fort instructive rédigée en février 2006 que nous avons déjà citée, l'ancien diplomate Denis Bauchard recense de façon fort instructive : « Le Maroc, écrit-il, doit faire face à des défis majeurs, beaucoup plus importants que ceux auxquels

---

les exportations marocaines ont progressé de 2 % par an, contre 29 % pour la Roumanie, 25 % pour la Turquie, 14 % pour l'Égypte.

11 Entretien avec les auteurs, printemps 2006.

12 Programme des Nations unies pour le développement (PNUD), *Rapport mondial sur le développement humain 2005*.

la plupart des pays arabes ont à faire face. Parmi ceux-ci, plusieurs méritent d'être signalés.

« La pauvreté : le revenu par habitant n'est que de 1 400 dollars, soit quinze fois moins que l'Espagne qui est à quelques kilomètres des côtes marocaines. Cette moyenne cache un écart considérable entre une minorité très opulente et une large part de la population qui habite le monde rural et les bidonvilles à la périphérie des grandes agglomérations : 40 % de la population vit avec moins de deux dollars par jour.

« L'ampleur du taux d'analphabétisme : il est en moyenne pour les adultes de plus de quinze ans de 51 %. [...]

« Une croissance économique fortement dépendante de l'agriculture : celle-ci est encore faiblement mécanisée, [...] fortement dépendante d'une pluviométrie capricieuse et en baisse tendancielle.

« Une population en forte croissance même si celle-ci se ralentit, avec un indice de fécondité qui ralentit, mais reste encore de 2,4 enfants par femme.

« L'importance du taux de chômage réel : il est bien supérieur au taux officiel (11 %), biaisé par un mode de calcul contestable ; [...] 10 % seulement des 500 000 jeunes qui arrivent chaque année sur le marché du travail trouvent un emploi réel.

« La forte pression migratoire. [...] Ainsi, actuellement, trois millions de Marocains résideraient à l'étranger, renvoyant chaque année 2,5 milliards de dollars.

« La pesanteur sociale : la population commence à être imprégnée d'un islam de plus en plus influencé par des mouvements islamistes radicaux.

« La corruption : selon les représentants locaux de Transparency International, la corruption reste profondément ancrée dans la société marocaine et ceci à tous les niveaux. Le pays est classé au 77e rang sur 145 pays. »

Le sombre diagnostic de Michel Charasse

Dès 2001, le sénateur socialiste Michel Charasse pondait un petit rapport d'une centaine de pages, injustement passé inaperçu, où il développait des analyses plus que pessimistes sur le Maroc : « L'impression laissée par une mission très courte et limitée en outre pour l'essentiel à Rabat, avec une brève incursion à Casablanca, est mitigée. Certes, sur la longue période, le pays a connu des avancées significatives en matière de démocratisation, de libertés publiques, de droits de l'homme et d'ouverture économique. À son arrivée au pouvoir, le jeune roi Mohammed VI a clairement conforté cette évolution [13]. » Mais, sur le plan économique, le bilan est plus que négatif : « Comparée à ses voisins, notamment à la Tunisie, l'économie marocaine piétine. Au cours de la dernière décennie, la croissance du PIB a été constamment inférieure à 3 %, à l'exception notable de l'année 1998 : 6 %. En 1999, elle a été nulle. [...] Les réformes structurelles engagées au cours des années 1980 ont marqué le pas au cours de la décennie suivante. »

Plus cruellement, l'ancien familier de Mitterrand notait : « Pour l'essentiel, aucun des facteurs de nature à encourager le développement des investissements domestiques comme étrangers n'est encore acquis : réforme de l'administration, renforcement de la transparence, édition de

13 Michel Charasse, *Bilan de la coopération avec les États du Maghreb : une « rénovation » justifiée*, Rapport du Sénat, commission des finances, n° 83, 2000-2001.

règles du jeu claires, constantes et officialisées... » Et d'ajouter, assassin : « Globalement, le pays est plus proche d'un pays moins avancé d'Afrique subsaharienne que d'un pays à revenu intermédiaire méditerranéen. Même si aux abords de Rabat et de Casablanca, et le long des principaux axes routiers, les bidonvilles sont soigneusement dissimulés derrière de hautes barricades de tôles ondulées, à peine éventrées ici et là, la misère et les inégalités sont profondes et flagrantes. » Et de conclure : « Or, face à une telle situation, la dépense publique marocaine consacrée aux secteurs sociaux est nettement plus faible au Maroc (12 % du PIB) que chez ses voisins méditerranéens, dont la Tunisie, le Portugal ou la Grèce (environ 20 %). En fait, si le partenaire français traditionnel continue de faire preuve d'un solide optimisme, le rapporteur spécial de la commission des finances a été frappé par le pessimisme profond qui caractérisait les entretiens qu'il a eus avec les représentants de la Banque mondiale d'une part et de l'Union européenne d'autre part. »

Sombre tableau. Les analyses que peut distiller l'ancien ministre de l'Intérieur et âme damnée d'Hassan II pendant un quart de siècle, Driss Basri, n'incitent pas davantage à l'optimisme. Depuis sa brouille avec « M6 », qui l'avait amené à se réfugier à Paris en 2004, où il dut attendre dix-huit mois la régularisation de ses papiers, ce monstre sacré du théâtre politique marocain répand son venin. Il est même devenu, en privé, un des plus féroces contempteurs du régime – sans jamais, toutefois, mettre en cause la personne du roi [14].

---

14 L'accord financier qui a été conclu courant 2005 entre le Palais et Driss Basri (*via* le frère du roi, Moulay Rachid, et son propre fils, deux amis d'enfance) est sans doute pour beaucoup dans cette réserve.

« Sous le règne d'Hassan II, nous a-t-il expliqué, le FMI avait demandé au Maroc de fermer les robinets. Cela nous a coûté très cher, notamment avec les émeutes à Casablanca et dans le Rif au début des années 1980, conséquences directes des plans d'ajustement structurel. "Le pays risque désormais une crise cardiaque", avait prévenu Hassan II. Mais aujourd'hui il n'y a plus rien à gratter, plus rien à privatiser. Le Maroc gère les choses à la petite semaine. Les relations du royaume avec le Golfe et l'Arabie saoudite, autant de pourvoyeurs de fonds, sont devenues difficiles. Résultat, il va falloir procéder à un nouvel ajustement, alors que le travail avait déjà été fait sous Hassan II [15]. »

La vision du règne précédent est un brin idyllique, ce qui est normal chez le plus fidèle serviteur d'Hassan II ; mais l'ensemble de son analyse reste pertinente, rejoignant les savantes études du FMI ou des consultants de McKinsey.

Les révélations explosives du cabinet McKinsey

Les études essentiellement macro-économiques du FMI et la Banque mondiale se penchent peu sur l'état réel de l'industrie du pays. Ce qu'a fait en revanche, en détail, le célèbre cabinet américain McKinsey, après avoir été mandaté en 2004 par le gouvernement de Sa Majesté pour réaliser une « étude stratégique » de la politique industrielle marocaine. Une vingtaine de têtes d'œuf se sont mises à l'ouvrage. Le résultat, remis en mars 2005, est édifiant : douze volumes de chiffres et de tableaux, pratiquement

15 Entretien avec les auteurs, septembre 2005.

sans la moindre trace d'optimisme ou lueur d'espoir. « Avec le baril à 55 dollars, la sécheresse qui persiste et la mondialisation qui s'accélère, explique un de ces experts, la monarchie n'a plus aucun avantage comparatif dans le moindre secteur industriel. »

La presse marocaine n'a pu rendre compte que d'un digest, presque anodin, de ce rapport. L'essentiel, et le plus dévastateur, est resté bien à l'abri dans les coffres des ministères. Mais nous avons pu feuilleter ces volumes austères. La lecture en est aride mais le sens clair, trop clair : emportée par la tornade de la mondialisation, la maison Maroc prend l'eau de partout. Recensé en une « synthèse des principales problématiques », le florilège des insuffisances du royaume reste fort instructif : « approvisionnement irrégulier et insuffisant en matières premières compétitives » ; « tissu d'acteurs très fragmenté et composé d'entreprises de petite taille » ; « déficiences au niveau des infrastructures » ; « innovation et développement de nouveaux produits quasiment inexistants » ; « investissements limités au niveau des équipements » ; « efforts et moyens de commercialisation des produits limités » ; « promotion et accès aux marchés déficients » ; « déficit de compétitivité au niveau des infrastructures » ; « lutte contre l'informel non optimale ».

Il faut agir, et vite, expliquent les experts au sang froid de McKinsey. Et de préconiser la création d'îlots de développement qui prendraient la forme de vastes zones franches, consacrées à la sous-traitance de l'économie européenne pratiquée sur une grande échelle. « Le potentiel unique du Maroc, écrivent ces experts, est d'être situé à quatorze kilomètres de l'Union européenne. » Bas salaires et droits sociaux inexistants, le tour est joué. À l'image des *maquiladoras*, ces usines créées à la frontière entre les États-Unis et le Mexique.

Un autre rapport ultraconfidentiel, toujours signé McKinsey, sur la région agricole de Souss-Massa, montre que la surexploitation de la nappe phréatique risque de poser de très graves problèmes à l'agriculture. Les emplois de près de 110 000 ouvriers agricoles seraient en jeu.

Des analphabètes à la pelle

C'est en matière d'enseignement que le diagnostic est le plus sombre. Avec 55 % d'enfants seulement qui dépassent le cap de l'éducation primaire, le royaume est au même niveau que le Malawi (50 %), et loin derrière des pays comme le Bangladesh (70 %). Le gouvernement a bien adopté lors du budget 2004 des mesures pour favoriser la scolarisation. Mais ce sont seulement quelque 111 millions de dirhams (soit environ 10 millions d'euros) qui ont pu être alloués aux programmes destinés aux huit-seize ans, une goutte d'eau dans le désert de l'analphabétisme.

La Banque mondiale accorde une grande importance à la part du budget des États allouée aux études primaires. Or le Maroc est un des seuls pays à ne pas publier de chiffres à ce sujet, et il est de ce fait totalement disqualifié aux yeux des experts de Washington.

Le développement économique est aussi fonction de la capacité d'un pays à drainer des capitaux privés. Le délai nécessaire à la création d'une entreprise est un des critères retenus par le Millenium Challenge Account (MCA, dispositif d'aide économique mis en place par les États-Unis en 2004) pour juger de cette mobilisation. Au Canada, il faut deux jours pour démarrer une affaire et vingt-neuf au Bangladesh. Une étude menée par la Banque mondiale a montré qu'au Maroc le délai moyen de création d'une entreprise est de… soixante-deux jours.

Dans l'agriculture, dont vivent encore 40 % des Marocains, la situation n'est pas plus brillante. En 1976, dans un livre qui a fait date, *Le Fellah, défenseur du Trône*, l'universitaire français spécialiste du Maroc Rémy Leveau décrivait l'alliance entre la monarchie et les populations rurales [16]. Fort pessimiste à la fin de sa vie sur l'avenir du Maroc, Rémy Leveau aurait peut-être modifié le titre de son ouvrage : *Le Trône, fossoyeur du fellah*. Parmi les innombrables difficultés que rencontre le pays, la plus évidente concerne en effet le monde agricole.

L'héritage d'Hassan II n'est pas glorieux, comme l'a rappelé le journaliste Ignace Dalle, auteur d'un excellent livre sur l'histoire de la monarchie, *Les Trois Rois* [17]. Créées dans les années 1970, la Société de développement agricole (SODEA) et la Société de gestion des terres agricoles (SOGETA) assuraient au départ la gestion de quelque 305 000 hectares. Ces domaines avaient été récupérés notamment sur les terres exploitées par les anciens colons, traditionnellement les plus fertiles. À partir du début des années 1990, les résultats des deux sociétés déclinent et les signes d'une crise structurelle sont visibles à l'œil nu : accumulation de dettes, gestion déliquescente, rentabilité en chute libre, management calamiteux, détournements de fonds, enrichissements illicites, négation des contrôles des tutelles [18]…

---

16 Rémy LEVEAU, *Le Fellah, défenseur du Trône*, Presses de la FNSP, Paris, 1976.

17 Ignace DALLE, *Les Trois Rois*, *op. cit.*

18 Seules les fermes intégrées aux domaines royaux ont été gérées avec un certain professionnalisme, dont on peut regretter qu'il n'ait pas fait école.

Avec les années, la superficie gérée par les deux sociétés d'État s'est réduite à moins de 125 000 hectares. Quelque 180 000 hectares ont été attribués généreusement par le régime à ses fidèles serviteurs [19]. Les heureux bénéficiaires se comptent par milliers, généraux, ministres ou hauts fonctionnaires. « La réduction du patrimoine foncier est liée à la distribution des terres sous forme de dons aux grands notables », note l'organisation Attac-Maroc.

La gestion de la SODEA, chargée plus particulièrement des domaines récupérés sur les ex-colons, a été confiée à un modeste ingénieur du génie rural, fils d'un humble babouchier de la Kissaria, connu dans sa jeunesse pour ses positions politiques radicales. Son ralliement au Makhzen lui a permis d'accumuler une fortune colossale. Il est devenu le principal actionnaire de la plus grande entreprise de transports en commun du Maroc, la CTM.

La SOGETA, chargée des terres non irriguées, avait été placée, elle, sous la responsabilité d'un autre ingénieur du génie rural, frère du cardiologue du roi abattu pendant les événements de Skhirat en juillet 1971. C'est au ministère de l'Intérieur que ce spécialiste de la chose rurale fit ensuite l'essentiel de sa carrière comme *wali* (préfet), jusqu'en juin 2005.

Conscients de l'ampleur des dégâts, les gouvernements successifs ont tenté de renflouer les caisses des deux sociétés. Désormais c'est leur survie qui est en cause. Le 26 mai 2003, un plan de sauvetage a été envisagé qui vise le désengagement de l'État. Des appels d'offres ont été lancés

19 C'est ainsi que Driss Basri s'est vu attribuer par Hassan II un magnifique domaine de 200 hectares entre Rabat et Casablanca. Des caisses de l'excellent vin qu'il produit sont envoyées chaque année à ses multiples amis français. Les Chirac ont droit, eux, à quelques pâtes de fruits de chez Fauchon...

en 2004 vers les investisseurs privés pour l'attribution (sous forme de location à long terme) de 85 000 hectares sur les 125 000 que possèdent encore les deux sociétés étatiques. Le reliquat, à savoir 40 000 hectares, resterait en réserve d'exploitation, l'idée étant de rechercher les semences sélectionnées et les plants certifiés permettant au Maroc d'assurer son autosuffisance alimentaire. Une mission stratégique de service public qui ne pourra être conduite que si la cession de terres est menée à bien. Le gouvernement a en effet besoin d'une enveloppe de 1,4 milliard de dirhams pour financer le départ de plus de 3 000 salariés agricoles dont la présence est devenue inutile et pour rembourser les dettes bancaires. Lesquelles ont d'autant plus gonflé que les deux sociétés recouraient à des crédits à la consommation, comme de simples particuliers, dont les taux atteignaient jusqu'à 18 %.

Des besoins de financement « exorbitants »

Le souverain marocain lui-même, Mohammed VI, dans un discours du 20 août 2003, évoquait la modernisation du Maroc comme un « processus long et ardu ». Dans un rapport interne au Palais sur les « fondements d'un projet de société démocratique et moderne », ses plus proches conseillers se livraient, en janvier 2004, à une analyse lucide des points faibles du royaume. Naturellement prudents, ils expliquaient d'abord que ces difficultés n'étaient « ni alarmantes ni insurmontables ». Mais ils étaient bien obligés de constater que, « dans le secteur de l'éducation, les déficits perdurent » et que, dans le secteur du développement spatial, « les disparités entre le monde rural et les villes sont criantes (accès à l'eau, à l'électricité, à la santé et au savoir) ». Et ces experts de lâcher : « Les besoins en financement pour créer les infrastructures nécessaires sont exorbitants. »

Ensuite, l'entourage du roi constatait que le taux de chômage restait élevé (surtout parmi les jeunes diplômés) : « Cela surprend dans un pays jeune, écrivaient-ils, mais qui reste prisonnier d'un mal de développement. » Les compétences sont « saignées » par la fuite des cerveaux vers les pays du Nord, et cela « au détriment des besoins nationaux ». Et de conclure sur la panne de « leadership » : « L'élite, jugeaient-ils, n'assume pas encore suffisamment son rôle de locomotive du développement. » Et les « motivations d'ordre civique » sont largement inopérantes pour améliorer la situation. C'est sans doute le plus grave : comme nous allons le voir, la bourgeoisie marocaine ne croit plus vraiment à la capacité du système à se réformer. Elle vit, trop souvent, de prébendes et de sinécures.

Le royaume serait « en mouvement », comme le prétendent les propagandistes du régime ? Sans doute, mais la pente l'entraîne plus vers le bas que vers les cimes de la croissance et du développement durable, les seuls antidotes pourtant à la montée des forces du fondamentalisme musulman, unique horizon pour une jeunesse sans travail et sans avenir.

5

La corruption, un sport national

Plus qu'ailleurs au Maroc, la situation au nord du royaume est compliquée. La région pauvre et rebelle du Rif, longtemps délaissée par Hassan II, se consacre à la culture du cannabis depuis le XVe siècle. Le Maroc est devenu le principal producteur et exportateur de kif dans le monde, comme l'a révélé en 2005 une enquête menée conjointement par le gouvernement marocain et l'ONUCD, l'Office des Nations unies contre la drogue et le crime [1].

La situation devient d'autant plus inquiétante que les grands cartels sud-américains de la cocaïne ont commencé à emprunter les routes du cannabis : au cours du premier semestre 2006, plus de quarante kilos de cocaïne pure ont été saisis par la police marocaine lors d'opérations menées à Oujda, Rabat et Casablanca [2]. À l'origine de ces saisies

---

1 ONUCD et Royaume du Maroc, *Maroc. Enquête sur le cannabis 2004*, mai 2005, <www.unodc.org/pdf/research/Morocco_survey_2004.pdf>.

2 Voir *Jeune Afrique*, n° 2373, 2-8 juillet 2006.

records pour le Maroc, l'arrivée clandestine de cocaïne dans le port mauritanien de Nouadhibou, par les soins d'une filière colombienne – les rapports entre Colombiens et Marocains sont d'ailleurs souvent sanglants (six assassinats pour la seule année 2006).

À qui profite le kif ?

Le cannabis brut, qui se présente sous forme d'herbe, est essentiellement destiné à la consommation locale. Le haschich, produit transformé, est réservé à la vente à l'étranger (il transite massivement par l'Espagne, avant d'être distribué dans l'ensemble de l'Europe). Sa production est surtout un moyen de survie. Dans le seul Rif, le cannabis représente jusqu'à 27 % de la surface agricole utile, soit 134 000 hectares. En 2003, au moment où l'enquête des Nations unies a été réalisée, la moitié du faible revenu annuel des deux tiers de la population rurale de cette région du Rif, soit 800 000 personnes, provenait de cette activité illicite.

Région montagneuse et rebelle, le Rif s'est heurté à l'indifférence du pouvoir central après l'indépendance. La densité de la population y est trois fois supérieure à celle du reste du pays, rendant hypothétique toute tentative de décollage. Les surfaces cultivées en cannabis augmentent chaque année, empiétant sur le domaine forestier. Ce déboisement illégal contribue à menacer l'écosystème de la région. Sans parler de l'érosion des sols usés par cette monoculture et dopés par une consommation d'engrais deux à quatre fois supérieure à celle en vigueur pour les céréales. Toute perspective de développement durable est ainsi menacée.

La production de cannabis reste tolérée par un régime qui ne parvient pas à sortir cette région de la pauvreté. Seules 800 tonnes de résine de cannabis ont été saisies en 2002, dernier chiffre connu, pour 3 080 tonnes de production dans le seul Rif, soit 31 % du total mondial et 80 % de la consommation européenne.

L'ONU note qu'en 2003 aucune tentative d'éradication des cultures en question n'est venue des autorités marocaines. Le pouvoir garde sans doute un mauvais souvenir de ses combats passés en faveur de l'éradication. Peu après l'indépendance, en 1958, le gouvernement avait tenté d'interdire la production de cannabis dans le Rif. La répression avait été féroce, mais la culture s'était poursuivie.

Comment les habitants du Rif, sans terres ou presque et sans aides de l'État, auraient-ils pu renoncer à leur gagne-pain ? Le rendement du cannabis est sept à huit fois supérieur à celui des céréales cultivées dans les mêmes conditions (et douze à seize fois en cas d'irrigation). Le chiffre d'affaires de ce commerce illicite est estimé à dix milliards d'euros par an. Or le revenu du producteur n'est que de 267 dollars par an et par personne. Autant dire que l'exploitation de la drogue rapporte bien plus aux trafiquants qu'aux petits producteurs.

Longtemps, les autorités marocaines ont rabâché la même ritournelle : le trafic de cannabis est organisé par des mafias venues d'ailleurs, les pauvres paysans du Rif sont exploités par des intérêts étrangers. Cette fable a été mise à mal durant l'été 2006, comme l'a montré une enquête du journaliste marocain Ali Lmrabet publiée par le quotidien espagnol *El Mundo*[3]. Le patron de la sécurité des palais royaux, Abdelaziz

3 Ali LMRABET, « Les beaux jours du narcotrafic », *Courrier international*, 19 octobre 2006.

Izzou, a été arrêté puis destitué, après avoir été dénoncé comme un des principaux organisateurs du trafic de drogue à Tanger, où il avait été chef de la police entre 1996 et 2003. Sur place, le commandant de la gendarmerie, Youssef Lahlimi Alami, le fils d'un haut dirigeant du parti de l'USFP devenu haut commissaire au Plan, était son homme à tout faire et faisait régner la terreur. En découvrant l'étendue des complicités mettant en cause un des principaux responsables de sa propre sécurité, Mohammed VI serait entré dans une des violentes colères dont il est coutumier.

Dès 2005, deux procédures judiciaires en France, qui avaient abouti à des procès publics, ont mis en évidence la responsabilité des élites du royaume. À en croire les enquêtes policières, certains gros bonnets ne seraient autres que d'illustres représentants de la grande bourgeoisie marocaine, des magnats de l'import-export associés à des commerçants du Sentier, le temple parisien de la fringue.

Procès fleuve à Bobigny

Le 5 septembre 2005, l'une de ces procédures a abouti à l'ouverture d'un procès fleuve à Bobigny, en banlieue parisienne. Les vingt-six prévenus, pour la plupart de nationalité marocaine, étaient accusés d'avoir participé au blanchiment de l'argent du haschich et à son rapatriement sous forme de devises et de lingots d'or vers leur pays d'origine[4].

La filière était entièrement pilotée à distance par des négociants basés au Maroc, dont les Chaabani, une famille

4 La journaliste Linda Bendali, qui était alors pigiste au *Gri-Gri international*, un bihebdomadaire panafricain diffusé à Paris, a suivi d'un bout à l'autre

de Nador propriétaire de diverses échoppes de tissus et autres cybercafés dans plusieurs villes du royaume. Dans l'intimité de leurs arrière-boutiques, ces commanditaires délivraient des instructions quotidiennes à destination de l'autre rive de la Méditerranée. Leur station-service située à Nador servait de plaque tournante. Les tonnes de résine de cannabis y étaient embarquées à bord de 4 × 4, voire de bus. Direction la France, mais aussi la Belgique, l'Allemagne et les Pays-Bas. Au retour, les billets et lingots d'or étaient déchargés à Nador. La fraîche était alors investie dans le fameux boom immobilier de la région de Tanger que les thuriféraires du régime vantent à longueur de temps. Et l'or était refourgué aux bijoutiers.

Plus intriguant encore, Abner Teboul, l'un des accusés clés de ce procès, n'était autre que le bras droit d'un personnage fort connu de la bourgeoisie marocaine, Jacob Azeroual. Soupçonné de blanchiment et mis en détention préventive, ce Franco-Marocain a été arrêté en avril 2004 à l'aéroport de New York et discrètement extradé vers Paris [5]. Jacob est le fils de Michel Azeroual, un richissime homme d'affaires du royaume qui a fait fortune dans le négoce de ferraille. Influent, le patriarche a obtenu que son fils soit défendu par un des avocats pénalistes les plus réputés du barreau de Paris, Me Pierre Haïk, avocat également de Michel Roussin, de feu Alfred Sirven ou de Laurent Gbagbo.

---

les audiences de ce procès. Ses notes d'audience, qu'elle a aimablement mises à la disposition des auteurs de ce livre, permettent de reconstituer une des filières d'exportation du cannabis entre le Maroc et la France.
Le 22 septembre 2005, le tribunal correctionnel a prononcé des peines allant jusqu'à neuf ans d'emprisonnement, seuls six prévenus sur vingt-six ont été relaxés, le principal prévenu, Mohamed Chabani, a été condamné à sept ans de prison, une peine assortie d'une « interdiction du territoire » de dix ans.

5 Voir Jean-Marie PONTAUT, « La filière marocaine », *L'Express*, 7 juin 2004.

Le procès fut fort instructif. D'après les écoutes téléphoniques, Abner Teboul jouait les coursiers pour le compte de son patron, faisant la navette entre Paris et Lyon pour rapporter de gros sacs de sport bourrés de billets. Des sommes qu'il confiait illico aux bons soins de Mohamed Chaabani, le collecteur en chef du réseau, basé à Paris. Une formation de plombier, un look gentillet, une discrétion à toute épreuve, l'homme ne ménageait pas sa peine. De jour comme de nuit, il sillonnait l'Europe à bord de sa Mercedes pour récupérer des sacs d'argent. Pas le genre à se déplacer pour « moins d'un mètre », soit 100 000 euros dans le jargon des trafiquants.

Une fois l'argent récolté, le très efficace Mohamed Chaabani s'en débarrassait dans les quarante-huit heures : il était stocké à Clichy-la-Garenne chez un commerçant, dit le « Boupastéla » (boulanger en arabe). Cet homme modeste possède une demi-douzaine d'appartements dans la région parisienne et trois commerces. Puis une partie des espèces était convertie en or. Chaque semaine, il commandait entre trente et cinquante « fèves » auprès de deux agents de change de la Bourse et du Panthéon. Certains de ces lingots étaient expédiés vers le Maroc. Le trésor était planqué dans les portières et les sièges de voitures confiées à des passeurs marocains, sélectionnés pour leur allure de bon père de famille. Le principal d'entre eux, Abdellah Ben Moussa, était un retraité et père de six enfants, portant petite moustache et lunettes rondes. Surnommé « Kadhafi », cet homme affable avait transporté six cents lingots. Il sera arrêté à la fin d'avril 2003 avec 400 000 euros cachés dans sa vieille fourgonnette Mercedes [6].

---

6 C'est son interpellation qui permettra de démanteler la branche française du réseau. En revanche les policiers français ne remonteront pas

Le reste du pactole était écoulé *via* des comptes bancaires suisses et israéliens. Au total, cinq millions d'euros auraient transité vers le « pays propre », nom de code pour désigner la Confédération helvétique. Et là, détail troublant, apparaît un nom, celui du banquier Judah Elmaleh, directeur adjoint de la banque HSBC à Genève, très lié à une autre sommité marocaine, Steve Ohana.

Coïncidence, on trouve les noms d'Elmaleh et d'Ohana dans un autre dossier de transferts illégaux que la justice française eut à connaître quelques années plus tôt. La fameuse affaire Falcone-Pasqua instruite par le juge Philippe Courroye, qui devait mettre en lumière un vaste trafic d'armes entre l'Europe de l'Est et l'Angola, *via* Paris, avait démarré en 1997, par un pur hasard, avec l'arrestation d'un petit patron franco-marocain du Sentier, Henri Benhamou. Lequel se livrait lui aussi au trafic de devises entre la France et le Maroc [7].

En janvier 1997, la Brigade de répression du banditisme apprenait que Benhamou aurait été agressé par plusieurs individus qui lui auraient dérobé de grosses sommes d'argent. Curieusement, il n'avait pas porté plainte [8]. Les

jusqu'aux commanditaires marocains. Quatre mandats d'arrêt seront délivrés à l'encontre du clan Chaabani, ils resteront lettre morte.

7 Voir Nicolas Beau, *La Maison Pasqua*, Plon, Paris, 2004.

8 Dans une note des Renseignements généraux du 24 décembre 1999, intitulée « Précisions sur l'affaire de blanchiment d'argent dans laquelle l'ancien gendre du roi Hassan II a été entendu », il est indiqué : « Dans un article daté du 17 décembre dernier, *Le Monde* fait état de "personnalités marocaines mêlées à une affaire de blanchiment d'argent", dont le fils de l'ancien Premier ministre marocain et ex-gendre du roi Hassan II, M. Foued (*sic*) Filali. Cette affaire, qui fait l'objet d'une commission rogatoire du juge Courroye du TGI de Paris, a été ouverte à la suite d'une séquestration en bande organisée et extorsion de fonds commise en septembre 1997 à Paris 17 sur l'un des auteurs du blanchiment de capitaux et du recel d'abus de biens sociaux. [...] Au cours de l'enquête, M. Fouaad Filali (né le 29 décembre 1955, à Paris 15) s'est présenté spontanément

auteurs de la séquestration étaient interpellés en 1998 et justifiaient leur agression par les activités de blanchisseur d'argent sale auxquelles se serait livrée leur victime. L'ordonnance de renvoi du juge Courroye devant le tribunal correctionnel indiquait qu'Henri Benhamou « se livrait à des échanges ou des mises à disposition de fonds entre la France et le Maroc ». Très vite pendant l'instruction, un personnage important de la nomenklatura marocaine était mis en cause en la personne de Steve Ohana, renvoyé également devant le tribunal – et défendu, comme Jacob Azeroual, par Me Pierre Haïk.

Le « grand Jo »

À la tête de la Compagnie marocaine des cartons et papiers, intervenant dans l'emballage et le commerce de sucre, Steve appartient à la grande famille des Ohana. Il est le fils de Jeff et le neveu du « grand Jo », le patriarche du clan, chez qui descendait régulièrement à Casablanca le conseiller spécial de François Mitterrand, Jacques Attali. Jo était surtout l'homme d'affaires attitré d'Ahmed Réda Guedira, ami intime d'Hassan II et ancien directeur général du cabinet royal.

Les fonds que Steve Ohana cherchait à collecter en France lui auraient servi notamment à acquérir un appartement de 400 mètres carrés avenue Georges-Mandel à Paris. La vente s'est conclue pour plus de deux millions d'euros et a été effectuée *via* un intermédiaire à Genève, Judah

auprès des enquêteurs, auxquels il a expliqué que les 360 000 francs saisis chez M. Ohana provenaient des 500 000 francs qu'il lui avait versés. Ce qui semble corroborer sa déclaration faite au *Monde* dans son édition du 23 décembre dernier. »

Elmaleh. Vingt-deux entreprises différentes ont participé à la décoration de cet appartement.

Lors de sa première comparution devant les magistrats, Steve Ohana tente d'adopter un profil bas. L'affaire est simple, explique-t-il : ses entreprises au Maroc produisaient des fonds en espèces que la réglementation marocaine sur les changes ne lui permettait pas de transférer en France. « Je gère une affaire où j'ai des revenus, dont beaucoup en argent liquide. Pour mes besoins personnels, j'ai besoin de devises et le dirham n'est pas convertible. C'est donc M. Benhamou qui me remet la contre-valeur en francs français et à Paris de mes avoirs en dirhams. » Les espèces sont remises en France et la contre-valeur en dirhams est versée au Maroc. « Je reconnais que j'ai compensé ces remises d'argent, a poursuivi Ohana, par le produit de ventes sans factures non comptabilisées et qui, de ce fait, ne sont pas rentrées dans la comptabilité des sociétés marocaines[9]. »

Installé en France dans les années 1980, le passeur de devises, Henri Benhamou, a exploité plusieurs sociétés textiles. Il a tenté devant la justice d'expliquer que ces transferts de fonds illégaux servaient aux immigrés marocains pour rapatrier leurs maigres économies : « Ces opérations de compensation sont possibles grâce aux travailleurs marocains qui cherchent à rapatrier de l'argent au Maroc, mais le taux de change ne leur est pas favorable. Un certain nombre de collecteurs informés de leurs souhaits vont ramasser l'argent. Tout s'opère alors par compensation. »

Les travailleurs marocains ont bon dos. L'enquête a montré que le système de compensation imaginé était

9 On note dans l'ordonnance de renvoi du juge cette jolie formule : « L'information n'a pas permis d'établir que de telles pratiques étaient susceptibles de constituer une infraction pénale au Maroc. »

nettement plus sophistiqué. Henri Benhamou était le détenteur de six comptes bancaires à la Republic National Bank of New York, devenue HSBC, où apparaissent des traces de versements effectués par Steve Ohana. « Ces éléments permettent de retenir, concluait la Brigade financière, qu'une partie des fonds objet de la mise en place d'une compensation francs-dirhams a donné lieu à des mouvements de fonds en Suisse. » Ce qu'a fini par reconnaître Steve Ohana lui-même face aux policiers de la Brigade financière. Ces affaires éclairent le sport national marocain que constitue le transfert de devises entre Rabat, Paris et Genève.

La mainmise des Fassis

Mieux placé que quiconque pour décrire le règne d'Hassan II, dont il fut le fidèle exécutant pour le meilleur et pour le pire, l'ancien ministre de l'Intérieur du royaume, Driss Basri, nous a expliqué comment, selon lui, la corruption et la médiocrité sévissaient du haut en bas de l'État : « Ce qui est vrai, c'est que Hassan II n'avait pas la fibre économique. Mais de Gaulle ne l'avait pas non plus, et Chirac pas davantage. Sa priorité était de consolider l'État. » Et le même de poursuivre : « Nous n'avons pas une tradition d'administration sereine et objective, mais l'État marocain n'a que quarante ans. Un ministre ou un journaliste étrangers débarquent chez nous, le fonctionnaire marocain se sent leur obligé, dans l'obligation de les payer, comme lui-même se fait payer pour n'importe quel acte de la vie administrative. C'est la petite corruption. Et c'est cela qu'il faut changer en créant des Cours des comptes. Après tout, la France a attendu le Directoire pour payer ses fonctionnaires. »

Interrogé sur la corruption des élites marocaines, Basri est nettement moins véhément, et en tout cas sans illusions : « Quant à la grande corruption, poursuit-il, elle est universelle. Montrez-moi un pouvoir qui ne nourrit pas ceux qui le servent. La corruption d'État sert les supports de l'État[10]... » Et d'ajouter : « Peu importait alors que quelques-uns se sucrent au passage, ce qui comptait, c'est que le Maroc tienne debout. »

Autant dire que les élites marocaines n'ont pas comme souci premier le développement de leur pays. Leurs achats, notamment immobiliers, épongent une large part de la richesse du royaume. Pas un grand bourgeois marocain qui n'ait son pied-à-terre à Paris. Et peu importe que le bilan du régime soit peu glorieux, que les islamistes soient aux portes du pouvoir : la classe dirigeante marocaine ne veut rien apprendre de ses échecs, rien perdre de ses privilèges.

Cette classe dirigeante est souvent issue de la ville de Fès, une cité brillante dont l'université La Qarawiyyine, née voici onze siècles, a conquis depuis longtemps ses lettres de noblesse[11]. Dès l'indépendance, les rejetons des grandes familles fassies, qui ont fait souvent les grandes écoles à Paris ou Washington, occupent les postes les plus prestigieux dans la vie politique et économique marocaine. Après avoir activement participé à la création du grand parti de l'Indépendance, l'Istiqlal, les Fassis ont très vite pactisé avec la monarchie, comme ils l'avaient fait auparavant avec l'occupant français. Du classique. « Nous n'avons pas de bourgeoisie au Maroc, c'est une classe mercantile, commerçante,

---

10 Sur ces sujets, Driss Basri s'est longuement étendu avec les auteurs de ce livre lors de plusieurs entretiens en 2005 et 2006.

11 La Qarawiyyine a été construite à Fès comme mosquée vers 859 , elle deviendra à la fois mosquée et université sous les Almoravides (1046-1157) (voir Malika ZEGHAL, *Les Islamistes marocains*, *op. cit.*, p. 64).

de pure représentation. [...] Ce ne sont pas des manufacturiers, ils n'ont jamais rien produit. » Quel est l'affreux gauchiste qui dresse un portrait si cruel de la classe dirigeante marocaine ? C'est l'ineffable Driss Basri, le très redouté patron de la police d'Hassan II. Lui-même est issu d'un milieu très simple dans la région agricole de Settat, à cinquante kilomètres de Casablanca ; il n'a pas obtenu son bac et doit tout à la monarchie.

Durant sa jeunesse, Settat était une modeste bourgade où une population pauvre vivait de l'élevage des chèvres. Durant les années Hassan II, « Si Driss » (Monsieur Driss), comme on le nomme là-bas, a fait construire des hôtels et des golfs luxueux dans son fief, devenu une ville pimpante dont les habitants ont conservé, encore aujourd'hui, un souvenir ému de leur bienfaiteur. « Chez nous, explique Basri, il n'y avait que de la plaine, nous ne pouvions pas nous réfugier dans la montagne, nous étions nécessairement du côté de la monarchie et du Makhzen. Hassan II et moi avons cassé le carcan que représentait la bourgeoisie de Fès, qui m'en a toujours voulu. » Et, en riant, ce grand manipulateur ajoute : « Les Fassis et les mercantis ne me le pardonneront jamais. » Et le peuple marocain n'oubliera jamais non plus dans quelle terreur le fidèle serviteur d'Hassan II l'a fait vivre pendant un quart de siècle...

Grand bâtisseur et « ami du roi »

Sous le règne d'Hassan II, un Premier ministre a incarné (de septembre 1986 à août 1992), pour le meilleur et surtout pour le pire, l'emprise de cette bourgeoisie fassie sur la vie politique et économique du royaume : Azzedine Laraki. Agrégé de médecine, ce pneumologue rencontre d'abord

Hassan II comme patient. « Le roi me considérait comme son ami », confiera-t-il à Ignace Dalle [12]. Nommé ministre de l'Éducation nationale en octobre 1977, le bon docteur applique fidèlement l'ordonnance d'Hassan II. L'arabisation hâtive de l'enseignement qu'il initie provoque l'appauvrissement intellectuel des facultés marocaines. Entouré de conseillers passéistes, l'éminent professeur contribue aussi à remplacer l'enseignement de la philosophie par des départements d'études islamiques et fait appel à des enseignants formés en Arabie saoudite, aux préceptes les plus rétrogrades. Le roi Fahd finance alors à fonds perdus des infrastructures culturelles qui vont parfois distiller le poison de l'islam wahhabite.

Ministre de l'Éducation, Laraki fut surtout un grand bâtisseur, à l'origine de la construction de multiples établissements scolaires. Pour les équiper en fournitures, tables, chaises et armoires, il monta une usine moderne, qui obtint le monopole des marchés de l'ensemble des établissements scolaires de l'Éducation nationale. Lorsqu'il fut nommé Premier ministre en 1986, pour six longues années à ce poste, Laraki se montra terne, sans envergure. À l'exception de quelques grands travaux qu'il fit réaliser par les offices étatiques, parfois pour son propre compte. C'est l'époque où le syndicaliste Noubir Amaoui, secrétaire général de la CDT (Confédération démocratique du travail), dénonça dans le quotidien espagnol *El Pais* les pratiques de corruption du gouvernement de Laraki. Mal lui en a pris, il écopa d'un an de prison ferme.

Saisi par la fibre agricole, Azzedine Laraki s'est employé à exproprier de pauvres gens de la localité d'Aïn-El-Aouda, dans la grande banlieue de Rabat. Il mit ensuite en valeur

12 Ignace Dalle, *Les Trois Rois*, *op. cit.*

les terres qui lui appartenaient, sans négliger d'utiliser les moyens de la puissance publique. Ainsi, selon des témoignages d'anciens cadres de l'administration marocaine, l'Office national de l'eau potable fut mis à contribution pour raccorder sa ferme au réseau général grâce à une adduction de cinq kilomètres. Plus tard, le ministère des Travaux publics fut requis pour réaliser un barrage sur la rivière d'El-Oujla qui irrigue le site de l'hacienda du Premier ministre. Sitôt dit, sitôt fait, l'ouvrage coûta sept millions de dollars. Enterré le barrage programmé au départ. Un vaste lac fut ainsi aménagé où le Premier ministre entrepreneur réalisa un vaste élevage de grenouilles destinées à l'exportation. Et tant pis pour les *aroubis* (campagnards) situés en aval du cours d'eau, qui ont vu dépérir leurs modestes cultures maraîchères.

Et ce n'est pas tout. Une seconde fois, l'administration des Travaux publics fut mise à contribution pour aménager la route d'accès au domaine du Premier ministre, pour la bagatelle cette fois d'un million de dollars. L'Office national de l'électricité n'échappa pas à la mobilisation générale : la fermette du sieur Laraki fut électrifiée, pour la coquette somme de 900 000 dollars, avec des fonds pris là encore sur la cagnotte de l'État marocain.

Par la suite, Laraki exigea du Bureau des ressources et participations minières de creuser quatre forages en vue de l'irrigation de sa ferme. Comme il avait nommé son beau-frère Ali Bennani secrétaire général de cet organisme, sa demande fut prise en compte et exécutée avec diligence. Et tant pis si les géologues avaient émis un avis défavorable à de tels travaux, puisque la nappe phréatique de cette zone d'exploitation était parfaitement indigente. Ce qui fut constaté une fois les forages effectués. Le coût :

400 000 dollars là encore. Laraki avait frappé un peu fort, le roi en prit ombrage et le révoqua.

Reste qu'Hassan II n'était pas un ingrat. Malgré ses bévues et ses imprudences, Laraki fut nommé président de la prestigieuse université d'Ifrane Al-Akhawayn, dont le nom consacrait la fraternité des deux rois, Hassan II et Fahd Ben Abdel Aziz, d'Arabie saoudite. Notre homme fut gratifié d'une rémunération de 60 000 dirhams, plus un complément de retraite, soit 120 000 dirhams par mois net d'impôts.

L'université étant anglophone et le président ne maîtrisant pas cette langue, Laraki s'inscrivit dans une université new-yorkaise. Il s'installa dans une vaste suite du palace le Plaza avec sa famille. Par la suite, Laraki fut proposé au poste de secrétaire général de l'Organisation de la conférence islamique, dont le siège est à Djedda en Arabie saoudite. On ne l'y vit que rarement, ses affaires et son hacienda le retenant au Maroc. La découverte de la péninsule Arabique lui donna simplement un goût immodéré pour les tapis persans.

Ainsi allait le monde selon Laraki. Autant de frasques financières qui n'avaient pas échappé à l'opinion publique marocaine, laquelle n'en pouvait mais. Lorsque l'économie passa des mains des étrangers à celles d'autochtones, on parla officiellement de « marocanisation » des entreprises. Mais le petit peuple du royaume parle plus volontiers de « larakisation », pour mieux souligner l'enrichissement personnel de ces grands bourgeois fassis parvenus au pouvoir pour servir autant leurs intérêts que ceux du pays.

L'ambition d'André Azoulay

Durant les deux dernières années du règne d'Hassan II, un vent réformateur va souffler pendant quelques mois au Maroc. Un des principaux artisans de cette volonté de changement aura été André Azoulay, le premier juif marocain à être nommé conseiller de Sa Majesté par *dahir* (décret royal). Le parcours militant de ce Franco-Marocain, un ancien de Paribas et d'Eurocom, témoigne d'un incontestable esprit d'ouverture. Artisan constant d'un rapprochement judéo-arabe, il crée en 1973 l'association Identité et Dialogue alors qu'il réside encore en France. Aidé par Albert Sasson, un ancien doyen de la faculté de Rabat fort respecté, André Azoulay organise de multiples rencontres entre Juifs et Arabes. Ses liens d'amitié avec Issam Sartaoui, le responsable de l'OLP assassiné en 1983, ou avec Elias Sanbar, le responsable de la *Revue d'études palestiniennes*, sont de ceux qui font avancer le dialogue.

« Pour nous, tu le sais, tous les Marocains sont égaux comme les dents d'un peigne », déclare Hassan II à André Azoulay, lors de la brève cérémonie qui en 1991 marque son intronisation comme conseiller du roi. La capacité du Maroc à protéger ses ressortissants juifs et à dialoguer avec Israël est portée au crédit d'Hassan II. Formidable communicateur, André Azoulay sut en retirer tout le bénéfice d'image pour le Maroc.

Lorsque ce natif d'Essaouira, l'ancienne Mogador, décide en 1991 de rentrer au pays natal pour occuper des fonctions de conseiller du roi Hassan II pour les affaires économiques et sociales, il sait que la tâche sera rude. Au fil des mois, il tisse de solides réseaux et s'entoure de jeunes technocrates qui vont connaître une ascension fulgurante. Parmi eux, Mohamed Hassad, l'ancien ministre de l'Équipement et wali de Marrakech, qui sera nommé en 2005 wali de Tanger ; le polytechnicien Driss Benhima, fils d'un ancien Premier ministre et ministre de l'Intérieur ; Mourad Chérif, qui fut plusieurs fois ministre et dirigea tour à tour l'Omnium nord-africain puis l'Office chérifien des phosphates – les deux fleurons économiques du royaume –, avant d'être nommé en mars 2006 à la tête de la filiale de BNP Paribas au Maroc, la BMCI ; et enfin Hassan Abouyoub, plusieurs fois ministre et ancien ambassadeur. Ainsi André Azoulay prétendait, avec une telle garde rapprochée, aider le roi Hassan II dans ses velléités réformatrices.

Seulement, l'essai n'a pas été transformé. Dans un premier temps, l'incontestable ouverture politique du royaume, qui a vu Hassan II nommer à la tête du gouvernement le leader socialiste de l'USFP, s'est accompagnée d'un processus d'assainissement économique. Sur fond de privatisations. La fin du règne d'Hassan II a permis à un certain nombre d'entreprises françaises, comme Accor, Publicis et Vivendi, d'entrer, et avec profit, sur le marché marocain. Malheureusement, les mauvaises habitudes vont revenir très vite. Résultat, cette libéralisation n'a guère servi les intérêts d'un peuple laissé sans perspectives.

Très vite, André Azoulay et certains technocrates vont oublier l'élan réformateur qu'ils étaient censés incarner, pour faire des affaires.

6

Le grand souk franco-marocain

La scène se passe au printemps 1993. La droite vient de revenir au pouvoir en France et le Sénat accueille, ce jour-là, plusieurs ministres marocains désireux de faire connaître le processus de modernisation de leur pays. Noble cause en effet que de séduire les opérateurs français qui ont pris place parmi les participants. Le Maroc s'apprête à privatiser quarante hôtels et soixante-dix entreprises. La salle du Palais de Luxembourg est pleine à craquer. Les deux principaux organisateurs de ce rassemblement, le sénateur Camille Cabana, ancien ministre des privatisations du gouvernement Chirac en 1986, et André Azoulay, alors conseiller d'Hassan II, ne sont pas mécontents.

« Belle salle », se félicite Cabana. « Le Maroc fait recette, le Maroc fait toujours recette, mais maintenant il faut obtenir des résultats tangibles », répond le placide Azoulay, esquissant un sourire derrière ses fines moustaches d'officier de cavalerie.

Dans les pays émergents comme le Maroc, les opérations de privatisation sont généralement présentées comme la manifestation la plus achevée d'une politique d'ouverture économique, le signe fort de la volonté de poursuivre des réformes structurelles et le témoignage d'une certaine attirance des investisseurs étrangers. Encore faut-il qu'elles ne soient pas l'occasion de perpétuer les mauvaises habitudes, du trafic d'influence à l'absence de transparence, qui risqueraient fort de mettre à mal l'élan de libéralisation et d'ouverture vers l'extérieur. Or les négociations qui vont être menées avec Vivendi, Accor et Publicis dans le cadre de la privatisation d'entreprises publiques marocaines ne le seront pas avec toute la rigueur qui aurait été souhaitable. Beaucoup pensent aujourd'hui au Maroc que le pays a largement bradé ses bijoux de famille.

Vrais-faux appels d'offres

Généralement présentée comme le grand succès du gouvernement d'alternance du Premier ministre socialiste Abderrahmane Youssoufi, la privatisation partielle de Maroc Telecom laisse pourtant perplexe. Peu après le lancement de l'opération en octobre 2000, on assiste en effet au retrait fracassant de deux postulants internationalement reconnus sur le marché des télécommunications, Telenord et Telecom Italia.

Autre sujet d'étonnement, Mostafa Terrab, le haut fonctionnaire et patron (depuis février 1998) de l'Agence nationale de réglementation des télécommunications (ANRT), qui avait piloté avec succès l'octroi de la seconde licence GSM, sera discrètement écarté le 15 janvier 2002. Celui-ci avait pourtant quelques titres à faire valoir. Lors de l'octroi en juillet 1999 de la seconde licence de téléphonie mobile, une dizaine d'opérateurs internationaux avaient concouru à l'appel d'offres. Cela n'avait pas été sans mal. Driss Jettou, à l'époque ministre des Finances, avait tout fait, avec l'appui d'Azoulay, pour qu'on cède le marché en gré à gré aux Sud-Coréens de Daewoo, pour la somme de 30 millions d'euros. Le contrat avait été remporté *in fine* par le groupe espagnol Telefonica pour un milliard de dollars, dans des conditions de transparence citées en exemple au FMI et à la Banque mondiale. Sept ans après, la question mérite d'être posée : pourquoi Jettou, devenu depuis Premier ministre (en octobre 2002), insistait-il tellement pour soutenir un marché de gré à gré avec Daewoo, dont l'offre était si peu alléchante ? Il faut comprendre que ce technocrate lisse et courtois est un homme de réseaux. Soutenu au départ par Driss Basri, qui en avait fait en 1995 un ministre du Commerce, Jettou a su rendre de multiples services, aussi bien aux gens de sa région, le Souss, la région d'Agadir, qu'à ses nombreux amis à l'USFP (dont beaucoup d'ailleurs proviennent de cette même région du Souss).

En décembre 2000, deux prétendants seulement restent donc en lice pour le rachat de 35 % des parts de Maroc Telecom, à savoir France Telecom – qui jettera l'éponge – et Vivendi Universal. Première évidence, la vente de cette société intervient trop vite, sans remise à niveau, comme le souligne, dans un courrier daté du 4 décembre, Gérard Ries, qui pilote le dossier pour Vivendi [1]. Autant dire que les Marocains, en vendant une entreprise en mauvais état de marche, sont condamnés à la brader : « Nos auditeurs du cabinet Salustro-Reydel, explique Gérard Fries, ont effectué

1 Le courrier est adressé par Gérard Ries au directeur financier de Vivendi Universal et bras doit de Jean-Marie Messier, Guillaume Hannezo.

un travail limité. Les points principaux qu'ils ont relevés sont les suivants. Le management de Maroc Telecom dispose de très peu d'outils de gestion. Ainsi, il n'y a pas de comptabilité analytique, pas de suivi budgétaire, peu de suivi des investissements et des coûts d'acquisition (qui ne sont connus qu'en extracomptable), pas de *cut off* mensuel. La quasi-inexistence des outils de gestion est bien entendu un handicap pour suivre l'évolution de la société... » La non-remise en état de Maroc Telecom est une première faute du gouvernement marocain. Il est clair que le prix de vente est fixé dans les plus mauvaises conditions.

La mauvaise gestion du groupe de télécoms est pourtant loin d'avoir découragé l'opérateur français. De façon assez attendue, c'est Vivendi qui emporte l'appel d'offres, le 21 décembre 2000. Le triomphalisme est de mise dans les rangs des officiels : « L'engagement à ce niveau de l'un des leaders mondiaux dans la communauté des affaires, s'exclame André Azoulay, est un électrochoc qui nous fait prendre conscience du potentiel de notre économie [2]. » En obtenant 35 % de la société marocaine (pour la modique somme de 2,3 milliards d'euros), les dirigeants de Vivendi Universal ont déjà en tête d'arracher la majorité du capital et ont obtenu d'Azoulay un accord de principe. Pas question pour les Français de partager le pouvoir : « Le conseil de surveillance, notait Gérard Fries, comporterait huit membres dont cinq nommés par le royaume du Maroc. Les aspects juridiques du dossier montrent qu'il s'agit d'une prise de participation minoritaire, avec peu, voire pas, de moyens d'actions opérationnels, toutes les décisions pouvant être bloquées au conseil de surveillance. » Pour les

2 Cité par Fahd Iraqi, « Pourquoi l'État "protège" Maroc Telecom », *Le Journal hebdomadaire*, n° 151, 13 mai 2004.

Français, l'obtention de la majorité du capital était également essentielle pour des raisons fort triviales : les comptables de Vivendi ont calculé qu'en cas de succès l'investissement dans Maroc Telecom pouvait être juteux, autant en avoir la plus grosse part.

Dès la fin du règne d'Hassan II, avant même le lancement de l'appel d'offres, les Français avaient déjà tenté de négocier cette fameuse majorité du capital, mais sans succès. Driss Basri s'était montré résolument hostile à toute cession majoritaire. Lors d'un déjeuner au Crillon, place de la Concorde, Jean-Marie Messier, le flamboyant patron du groupe Vivendi, rencontrait le ministre de l'Intérieur d'Hassan II. Le premier était venu avec Thierry de Beaucé, un ancien ambassadeur et habitué de Marrakech qui travaillait alors pour Vivendi. Le second était accompagné par son fidèle *chaouch*, Mehdi Qotbi, qui était à l'époque son homme de confiance à Paris, avant de s'éloigner de lui après sa disgrâce [3]. Ce jour-là, les Marocains restèrent fermes : ce serait 35 % ou rien.

Avec l'avènement de Mohammed VI et le départ de Basri en 1999, la négociation reprend, suite à l'appel d'offres. Dans un mail du 19 décembre 2000, cité dans le rapport d'enquête de la Commission des opérations de Bourse sur Vivendi Universal communiqué à la justice en septembre 2003, Guillaume Hannezo, le directeur financier du groupe de Jean-Marie Messier, s'adresse sans détour à ses collaborateurs : « Il

3 Peintre, professeur de collège dans une institution privée du VIIe arrondissement de Paris et formidable lobbyiste entre la France et le Maroc, Mehdi Qotbi fut longtemps l'homme de Basri à Paris (il est depuis rentré au Maroc) : fort du soutien du grand vizir d'Hassan II, il fut une sorte d'ambassadeur *bis*. Saluons le talent avec lequel il est parvenu à retourner sa veste en devenant sous le règne de « M6 » un des fidèles de Sa Majesté, qu'il défend avec le même talent qu'hier l'ex-ministre de l'Intérieur.

est absolument essentiel que notre offre pour l'acquisition de Maroc Telecom nous permette de consolider globalement les 700 millions de dollars de l'excédent brut d'exploitation. » Histoire de redresser les comptes de Vivendi, minés par les investissements pharaoniques de Jean-Marie Messier. Malgré une opposition de façade, André Azoulay accorde quelques semaines plus tard le principe d'une participation majoritaire à Vivendi [4]. Mais l'avenant est négocié de gré à gré dans le secret le plus absolu, comme l'écrit Gérard Ries à la direction de Vivendi : « Nous avons discuté avec M. Azoulay et le ministre des Finances de la question de la consolidation. M. Azoulay a confirmé l'accord marocain. » À savoir l'attribution immédiate à Vivendi de 51 % des droits de vote avec seulement 35 % du capital, et la promesse d'acquérir plus tard une participation complémentaire de 16 %. La décision de la perte de contrôle par les Marocains sera annoncée le jour du quarante-neuvième anniversaire de l'indépendance marocaine [5]...

La mariée était belle

Il aura fallu vaincre les réticences du patron de Maroc Telecom, Abdeslam Ahizoune, qui s'était opposé comme

---

4 « Si le désengagement [de l'Etat marocain] à un tel niveau avait été proclamé officiellement, note *Le Journal hebdomadaire*, les autres postulants auraient certainement joué le jeu jusqu'au bout. Telecom Italia n'avait-elle pas annoncé officiellement, lors de son retrait, qu'elle serait intéressée par 51 % de l'entreprise publique ? » (Fahd Iraqi, « Pourquoi l'État "protège" Maroc Telecom », *loc. cit.*).

5 Au Maroc, Vivendi n'intervient pas seulement dans le secteur des télécommunications. Vivendi, c'est aussi la Lydec de Casablanca, Canal Plus qui pénètre dans les foyers de la bourgeoisie, Universal Music à Casablanca dès janvier 2004 et un pied dans le secteur du tourisme, par une prise de participation dans Accor Maroc. Une pieuvre...

Basri à un montage majoritaire en faveur des Français. Ce qui est assez naturel pour ce haut fonctionnaire qui fut le patron de l'Office national des postes et télécommunications et plusieurs fois ministre.

Or, très vite, ce dernier opère un revirement à 180 degrés. Certains documents découverts à Paris par les policiers de la Brigade financière qui ont enquêté sur les dérives du système Vivendi peuvent éclairer ce changement soudain de doctrine. Abdessalam Ahizoune a en effet touché, à l'occasion du rapprochement des deux sociétés, de nombreux bonus, qui s'ajoutaient à une revalorisation accélérée de son traitement. Dans la lettre du 29 avril 2004, Jean-René Fourtou, le successeur de Jean-Marie Messier, lui écrivait : « Cher Abdessalam, j'ai le plaisir de vous confirmer que, au titre de 2003, il a été décidé de vous attribuer votre bonus correspondant au maximum de mon courrier du 3 mars, soit un taux de performance de 120 % de vos objectifs. » En conséquence, « VTI [Vivendi Télécom International] versera un bonus de 32 000 euros en mai 2004, qui s'ajoutent à d'autres bonus, précise le courrier, déjà versés pour 2003 ». Et effectivement quelques discrets virements sont versés en prime sur le compte que le patron de Maroc Telecom possède à Paris à la BNP Paribas. Ainsi, le 17 juillet 2003, il lui est versé 15 000 euros. Rebelote le 8 janvier 2004, un autre versement de 117 500 euros est consenti. Et encore le 28 avril 2004, la veille de la lettre que lui adresse Fourtou, son compte est crédité, cette fois, de 24 000 euros[6].

Parallèlement, la rémunération de cet employé modèle – ou plutôt les rémunérations – est augmentée. Le salaire

---

6 Tous ces chèques figurent au dossier d'instruction du juge Pons au Pôle financier de Paris.

fixe, versé au Maroc, est porté à 1 050 000 dirhams par an, l'indemnité de fonction à 380 000 dirhams par an, le salaire à la charge de VTI à 34 000 euros par an... Et la rémunération comme conseiller pour les affaires Afrique du Nord-Moyen-Orient – cela existe ! – est portée à 70 000 euros [7]. Le « maximum », « 120 % des objectifs »... Le patron français est content de son employé marocain.

Maroc Telecom se révèle très vite une véritable mine d'or. Réuni le 25 novembre 2004, le comité d'entreprise de Vivendi faisait le rapide bilan de l'investissement marocain : « Maroc Telecom, c'est un chiffre d'affaires de 15 milliards de dirhams, plus 12 % en un an, un résultat d'exploitation qui est passé de 2001 à 2003 de 3,8 à 6,9 milliards de dirhams, un nombre d'abonnés mobiles de plus de six millions (70,3 % du marché) à la fin de septembre 2004 ; une trésorerie de 5 milliards de dirhams au 30 juin 2004 pour un endettement de 1,5 milliard de dirhams ; un résultat d'exploitation de 6,9 milliards de dirhams [...] ; un record régional. » En somme, une affaire qui tourne.

Le sauveur de Vivendi et successeur de Messier, Jean-René Fourtou, aime visiblement le Maroc. Après trois ans d'abnégation à la tête de Vivendi, Fourtou quitte la présidence à l'été 2005, les yeux tournés vers Marrakech où il s'est fait construire un somptueux palais, le Dar-el-Sadaka, ce qui veut dire la « maison du bienfaiteur ». Cela ne s'invente pas. L'envoyé spécial du magazine *Capital*, Olivier Drouin, s'est rendu sur place et décrit, avec un luxe de détails, le magnifique riad de cet ami du Maroc : « Nichée dans la palmeraie, à dix kilomètres de Marrakech, la propriété de Jean-René Fourtou s'étend à perte de vue. Treize

7 Cette lettre figure au dossier d'instruction.

hectares de terrain, neuf chambres avec salle de bains, douze domestiques, une piscine chauffée de 200 mètres carrés. C'est dans ce petit palais des Mille et Une Nuits que le patron de Vivendi, soixante-cinq ans, s'apprête à couler une retraite dorée. Construite il y a cinq ans, sa propriété [...] vaudrait aujourd'hui entre quatre et cinq millions d'euros [8]. »

La fondation familiale fort prospère que Fourtou a créée au Maroc (la Fondation Janelly et Jean-René Fourtou) a aidé la Fondation Mohammed V pour la solidarité, qui vient en aide aux Marocains les plus démunis : 212 526 euros ont été ainsi versés en 2004 et 2005 [9]. « Un bon moyen de s'attirer les faveurs du roi, note Olivier Drouin, surtout quand on négocie avec lui le contrôle à 51 % de Maroc Telecom. » La fondation soutient également les jeunes artistes contemporains, en les hébergeant dans la résidence marocaine de la famille.

Les nouvelles élites marocaines n'ont rien appris ni rien oublié des années Hassan II. Le patron de Maroc Telecom et correspondant de Jean-René Fourtou, Abdeslam Ahizoune, possède un ami fidèle au Palais en la personne de Mounir Majidi, directeur du secrétariat particulier du roi et président de la holding royale, la Siger/Ergis. Majidi était actionnaire d'une société dans le domaine des télécoms, GSM Al-Maghrib, qu'il voulait céder pour la somme de cinq millions de dirhams à Maroc Telecom. Ahizoune insista pour la reprendre, en 2001, à un prix préférentiel.

---

8 *Capital*, février 2005.

9 Voir le détail de ces dons à l'adresse <www.institut-de-france.fr/prixmecenat/prixarchiv.htm#fourtou>.

L'eldorado touristique

Au moins autant que les télécommunications, le tourisme constitue l'atout majeur du Maroc pour faire entrer un peu de devises dans les caisses du royaume. Or, dans ce secteur, le gouvernement d'Hassan II va également brader les intérêts marocains dans des conditions spectaculaires. Ainsi le régime cédera-t-il au groupe français Accor quelques bijoux de famille pour des sommes que tout le monde estime aujourd'hui dérisoires.

Les ambitions d'Accor remontent aux années 1990. C'est l'époque où le groupe réussit fort bien en Tunisie, où il lance des projets grandioses. Grâce à l'entregent du conseiller personnel d'Hassan II, André Azoulay, un véritable plan d'action pour le Maroc se met en place. Le président d'Accor, Gérard Pélisson, qui a été présenté à Hassan II par l'intermédiaire de Jacques Chirac, toujours serviable, revoit le roi en présence d'André Azoulay. Officiellement, il s'agit pour le groupe français d'investir cent millions de dollars dans le secteur hôtelier. Accor s'est fixé comme objectif le développement de 7 000 chambres sur huit ans. En quelques années, le groupe français a pu s'imposer dans plusieurs villes du royaume : Rabat, Fès, Marrakech, Tanger, Meknès, Agadir, Essaouira et Casablanca, où Accor devait construire le vaste ensemble commercial Casa City Center.

Il est vrai que le tourisme marocain cherche depuis longtemps l'occasion de passer à la vitesse supérieure. Avec des conditions fiscales, douanières et réglementaires exceptionnelles, un accord est trouvé en 1996 par le groupe français autour de deux acquisitions : les six hôtels de la chaîne Moussafir et le palais Jamai de Fès. Seul hic, ce développement spectaculaire ne va guère profiter aux intérêts de l'État.

L'histoire de la cession des joyaux marocains de l'hôtellerie mérite d'être contée. Par une bizarrerie de l'histoire administrative du pays, c'est l'Office national des chemins de fer (ONCF) qui est le propriétaire de ces installations touristiques. Comme en France en effet, la société ferroviaire a hérité de multiples hôtels construits le long des lignes de chemin de fer. Comme en France également, la société nationale est totalement endettée et à court de trésorerie. L'ancien directeur général Moussa Moussaoui, resté trente-trois ans à la tête de l'ONCF, a mis à genoux cet office avec une gestion médiocre, sur fond de clientélisme. En 1994, cette société nationale se trouve même au bord de la cessation de paiement. Son nouveau directeur général, Mohamed El Alj, rappelait, lors d'un conseil d'administration du 18 juin 1996, que les dettes dues et non réglées se chiffraient à près de quatre milliards de dirhams. Quant au paiement des salaires, précisait-il alors, il était « effectué sur découverts bancaires ».

Il était logique de vendre quelques hôtels qui pouvaient fournir un peu de cash à cette société nationale. Sauf qu'il aurait fallu restructurer le secteur avant de le vendre à un bon prix. Hélas, ce ne fut pas la stratégie retenue. On refit la même erreur que pour Maroc Telecom. Un audit pratiqué alors par le cabinet Arthur Andersen International montre en effet la gabegie qui régnait en matière de gestion hôtelière, comme le rappelle, lors du conseil d'administration du 18 juin 1996, le représentant du cabinet conseil : « L'activité touristique a enregistré des pertes importantes durant les années 1993, 1994 et 1995. Ainsi les capitaux propres présentent un solde négatif de 130 millions de dirhams. La continuité des opérations de cette activité est incertaine sans une restructuration opérationnelle. »

En fait de restructuration, l'ONCF va d'abord vendre de gré à gré les six hôtels Moussafir pour la somme dérisoire de 33 millions de dirhams. Or, à titre indicatif, un seul hôtel Moussafir, inauguré en 1994, a coûté la bagatelle de 45 millions de dirhams. Plus grave, le palais Jamai, classé parmi les plus grands palaces du monde, est confié en gestion, en février 1998, au groupe Accor toujours. La location annuelle du palace est bradée pour la somme de 1,5 million de dirhams, alors que l'activité du seul bar représente neuf millions de dirhams par an. Conscients du cadeau fait à Accor, les Marocains avaient prévu que le groupe français crée un fonds d'investissement de cent millions de dollars avant le 30 juin de la même année [10]. Ce que le partenaire français s'est empressé de ne pas réaliser.

Lors du conseil d'administration du 4 août 1998, le patron de l'ONCF, Mohamed El Alj, se montre particulièrement embarrassé pour répondre à certaines interrogations légitimes des administrateurs de l'Office. Il finit par admettre qu'Accor n'avait pas encore souscrit aux conditions qui lui étaient imposées. Un avenant, précise-t-il, avait dû être signé pour permettre aux Français de gérer immédiatement le palace de Fès sans avoir créé le fameux fonds d'investissement. Et le patron de l'Office des chemins de fer de préciser qu'il serait toujours temps ensuite que la société Accor mette au pot, comme elle l'avait promis.

Le contrat entre l'Office des chemins de fer et Accor était tellement anormal au regard des usages en vigueur qu'une campagne de presse dénonça le scandale. Les partis de l'opposition s'émurent de cette transaction qui touchait au patrimoine national. Alerté par le conseil d'administration,

10 Ce fonds était prévu par une clause suspensive figurant à l'article 6 de l'accord.

le ministre des Transports, Saïd Ameskane, suspendit provisoirement le contrat. Mal lui en a pris. Il fut illico remplacé par le docile Driss Benhima, un proche d'Azoulay. À peine nommé le 14 août 1997, le nouveau ministre fit avaliser l'ensemble de l'opération.

Fils d'une mère française de Nancy et d'un ancien ministre de l'Intérieur, Driss Benhima est un pur héritier : des débuts à la Mission française au Maroc, des classes préparatoires brillantes avant d'entrer à Polytechnique, puis des fonctions prestigieuses dans les grands groupes marocains. Rejeté après douze ans de services par la communauté minière de l'Office chérifien des phosphates, alors dirigé par Karim Lamrani, en raison de ses foucades autoritaires, il retrouve une sinécure à la SMOA, une filiale d'Air liquide, dont sa famille avait acquis une part importante du capital lors de la marocanisation des entreprises. Deuxième essai, deuxième échec. Excédé par son style, le management français d'Air liquide l'écarta en douceur. Avant qu'il soit bombardé en mars 1994 directeur général de l'Office national d'électricité (ONE), un tremplin pour sa promotion, où il découvre l'art de la communication. Arpentant les antichambres des palais plutôt que les usines, notre homme se voit couronner de lauriers dans une presse économique aux ordres.

Toujours en quête d'honneurs, il supervise en 1999 et 2000 la calamiteuse candidature marocaine à l'organisation de la Coupe du monde de football en 2006. L'amateurisme le disputa à la légèreté, le Maroc ne fut choisi dans les finalistes que par trois malheureuses voix, en deçà du score des précédentes consultations. « Les responsables de la campagne ont mené le peuple en bateau en lui assurant que notre candidature était solide », écrit le journal *L'Opinion* quand la candidature marocaine est écartée par la FIFA au profit de l'Allemagne.

À son départ de l'ONE, la privatisation n'a pas avancé d'un pas. Peu importe, le voici promu, en juillet 2001, à la tête de la wilaya de la région du Grand Casablanca. On en retiendra des escarmouches avec les vendeurs de rue, une grande cause apparemment. Il a octroyé autant de licences de débit d'alcool pendant son mandat à la wilaya que le nombre de licences octroyées depuis l'indépendance. Depuis, ce fidèle serviteur du Palais a été nommé en mars 2004 à la tête de l'Agence pour la promotion et le développement des provinces et préfectures du Nord, puis président de Royal Air Maroc.

Esprit de famille

Dans l'épopée d'Accor au Maroc, tout le monde ne sera pas perdant. Pour André Azoulay, ce sera avant tout l'occasion inespérée de promouvoir les affaires familiales, notamment celles de son frère Marcel. Le montage retenu a permis à ce dernier d'obtenir les financements nécessaires pour construire un magnifique hôtel à Essaouira, le berceau de la famille, situé sur la côte Atlantique non loin de Marrakech. « L'objectif, témoigne un cadre d'Accor scandalisé par l'arrangement passé, était de montrer une espèce de vitrine qui devait permettre de persuader le roi que les choses allaient dans la bonne direction. »

Revenons à la carrière éblouissante d'Accor au Maroc. Depuis la négociation réussie avec le ministre Benhima, le groupe a dégagé de solides bénéfices. Au point d'envisager au début des années 2000 d'édifier au centre de Casablanca le Casa City Center, complexe touristique d'un coût de 700 millions de dirhams, qui comprendrait un Novotel de 274 chambres, un Ibis de 266 chambres, un Sofitel de 200 chambres, 5 400 mètres carrés de bureaux et un parking de deux cents places. Là encore, Driss Benhima s'est engagé totalement en faveur d'Accor. Le wali de Casablanca a donné un accord de principe, et le ministère des Habous, à qui appartenait le terrain, s'est engagé dans l'opération. Devant la résistance de certains propriétaires de terrain, le ministre des Finances, Fathallah Oualalou, est intervenu personnellement pour infléchir leur position.

Seul obstacle non prévu, la directrice de l'Agence d'urbanisme de Casablanca (AUC), Fouzia Imansar, une dame de fer, refusa le visa de conformité urbaine au début de l'année 2005. Des articles paraissent alors dans la presse sur ce nouveau bras de fer entre le groupe Accor et les fonctionnaires marocains. Furieux, Benhima et ses proches demandent, au printemps 2005, au wali de Casablanca de convoquer la récalcitrante, qui se fait passer un savon. « À la moindre fuite dans la presse, lui assure ce dernier, il t'arrivera malheur. » Et la pauvre fonctionnaire dut rentrer dans le rang.

C'est ce même Benhima, devenu en février 2006 P-DG de la Royal Air Maroc (RAM), qui rencontrait à Paris durant l'été 2006 ses camarades de Polytechnique à l'occasion du trentième anniversaire de leur promotion. Interrogé sur la situation de son cher pays, ce représentant des classes dirigeantes marocaines reprenait le refrain connu : « Il faut nous soutenir. Ou c'est nous, ou ce sera les intégristes, et la France souffrira. » Ah la belle âme !

Basri n'aimait pas la pub

À l'image de Vivendi et Accor, Publicis a bénéficié également de conditions fort privilégiées dans ses relations avec le Maroc. Il faut entendre Driss Basri raconter sa première rencontre avec Maurice Lévy, le puissant patron du groupe de publicité, qui est né au Maroc [11]. Au départ, c'est là encore André Azoulay, décidément infatigable, qui lui souffle la possibilité de faire appel aux services de la puissante société française. « Dans les années 1988-1989, j'étais ministre de l'Intérieur et de l'Information – chez nous, les deux fonctions sont confondues. Azoulay est venu me voir pour améliorer, disait-il, l'image du royaume. Personnellement, je ne crois pas à la pub, ce n'est pas ma culture. Préparez-moi un programme, voilà ce que je lui ai répondu. Le budget qu'il m'a présenté alors représentait les quatre cinquièmes de mon budget de l'information, j'ai répondu que j'allais en parler à Sa Majesté, ce qui fut fait [12]. »

Et Driss Basri, qui n'a jamais porté dans son cœur le conseiller financier d'Hassan II, de poursuivre le récit de sa collaboration avec Publicis : « J'ai eu une première séance de travail avec Maurice Lévy, un homme au triple discours. Il critiquait le roi à Paris et ailleurs et il revenait voir Hassan II pour lui dire le contraire. Moi, je n'ai jamais critiqué mon roi. » Le plan de travail élaboré par Maurice Lévy est présenté à Hassan II alors qu'il séjourne dans son palais de Fès : « Ce monsieur, raconte Basri, revient avec sa campagne, changer l'image du Maroc, l'encens marocain, les

---

11 Tout comme Richard Attlas (qui fut en 2005 le compagnon de Cecilia Sarkozy pendant quelques mois), qui a fait ses premières armes au Maroc, avant de rejoindre le groupe de publicité de Marcel Bleustein-Blanchet et Maurice Lévy.

12 Entretien avec l'un des auteurs, juin 2005.

fleurs à quatre pétales et je ne sais quoi... Tout ce qu'on peut imaginer. » Un premier contrat de 30 millions de dollars est alors signé avec Publicis. « C'est l'époque, poursuit Basri, où, un jour, Azoulay accompagne le roi qui se rendait à sa traditionnelle partie de golf. "Si vous voulez que l'image s'améliore, lui explique ce monsieur, il faut libérer Abraham Serfaty [l'opposant tenace d'Hassan II, notamment sur la question du Sahara]." Ce qui fut fait d'ailleurs, mais on n'avait pas besoin d'Azoulay et de Lévy pour cela, ils auraient dû nous rembourser... » D'autant, précise l'ancien bras droit d'Hassan II, que « le budget de Publicis a augmenté alors à une vitesse géométrique ». Ce qui est exact.

Les conditions dans lesquelles le budget Publicis a été négocié sont particulièrement opaques. En effet, l'Office national marocain du tourisme qui a eu à signer cet accord n'est pas un modèle en matière de rigueur comptable. En témoigne un audit des comptes de l'ONMT entre 1986 et 1992, réalisé par le cabinet Price Waterhouse. Le résultat en est accablant : défaillance des contrôles internes de recouvrement et d'enregistrement des comptes ; absence d'analyse des engagements de l'Office en fin d'exercice ; états bancaires peu transparents ; dépenses de personnel extérieures à l'Office ; aucun suivi des engagements des fournisseurs ; accumulation d'arriérés de paiement ; absence de fiabilité des registres comptables... Autant dire que la négociation avec Publicis pour le mirifique et premier contrat qui prend date durant ces années-là est difficile à retracer.

Ce contrat est caractérisé par des commissions qui dépassent tous les standards internationaux. En 1996, un avenant est signé de gré à gré qui ne semble pas très orthodoxe. Dans un courrier adressé par Publicis à la chef de cabinet du ministre du Transport et du Tourisme, le

12 novembre 1997, il est précisé : « L'agence souligne que les très longs délais d'acceptation et de paiement de ses propres factures ont engendré des retards de règlement souvent supérieurs à un an et par conséquent des frais financiers considérables pour Publicis Conseil. » Les Marocains acceptent de régler les dites factures et en prime de payer des agios, calculés au taux de 8,10 %.

En prenant connaissance de cet avenant, le président du conseil d'administration de l'ONMT, Mohamed M'hamdi Alaoui, crie au scandale. Le ministre du Tourisme de l'époque, Serge Berdugo, s'oppose à la signature du contrat. Le ministre des Finances d'alors souhaite également exercer son veto. Tous les trois seront limogés, ou du moins écartés. Les amis d'Azoulay prennent les postes, dont Driss Jettou, l'actuel Premier ministre, qui est nommé au ministère des Finances en août 1997.

La vaste campagne de promotion lancée par le groupe Publicis vantait à l'époque l'« éblouissement des sens » dans un royaume millénaire et exotique, à deux heures d'avion de Paris. Une certitude, l'éblouissement aura été d'abord pour quelques-uns sonnant et trébuchant.

7

Emplettes royales

Loin des fastes d'Hassan II, les débuts du règne de Mohammed VI commencent sous les meilleurs auspices. Le « roi des pauvres » se montre décidé à vivre modestement, à l'instar de l'immense majorité de ses sujets. Terminés les voyages somptueux d'Hassan II, les centaines de courtisans qui l'accompagnaient dans le moindre de ses déplacements. Abandonnés les achats luxueux qui marquaient ses haltes à Paris, New York ou encore en Floride au pavillon Disney, propriété de la famille royale. Cet apparat, qu'on le sache, appartenait désormais au passé.

Dans son premier discours, Mohammed VI semble imprimer cette nouvelle marque. Le 30 juillet 1999, une semaine après la mort de son père, le jeune souverain évoque sa « sollicitude » et son « affection » pour « les couches sociales les plus défavorisées ». Il affirme sa volonté d'accorder « toute son attention au problème de la pauvreté dont souffre une partie du peuple marocain ». Dès le 2 août, à l'issue du premier conseil du gouvernement qui suit le décès d'Hassan II, le Premier ministre socialiste, Abderrahmane Youssoufi, évoque la « fibre sociale, reconnue de tous, de Mohammed VI ». Le 20 août, le souverain reprend le même refrain dans un discours public : « Comment réaliser le développement global alors que le monde rural se débat dans des problèmes qui contraignent ses habitants à quitter la terre pour venir s'installer dans les villes, en l'absence d'une stratégie de développement intégré ? [...] Comment atteindre le progrès scientifique et être en phase avec le monde évolué alors que des contingents de nos jeunes, instruits et qualifiés, sont au chômage et trouvent les portes fermées devant eux ? »

Tout allait enfin changer. À la satisfaction générale, le nouveau roi avait écarté le redoutable et redouté Driss Basri, soudain chargé de tous les péchés du monde et responsable, à lui seul, de l'ensemble des turpitudes du règne souverain. Ce qui, nous allons le voir, était une vue un peu idyllique de la situation du pays.

Échappées belles

Sept ans après ces effets d'annonce, il faut déchanter. « M6 » a certes encouragé et approfondi les réformes démocratiques engagées par son père, des droits des femmes jusqu'aux libertés publiques. Le jeune roi a fui en revanche ses responsabilités sur le terrain économique et social. « Ce galopin ne fait rien de ce que lui conseille Jacques », se plaignait Bernadette Chirac auprès de l'animateur de radio Stéphane Bern, qui l'a rapporté à des journalistes. Un exemple parmi d'autres : durant le premier semestre de l'année 2005, le Conseil des ministres ne s'est réuni qu'une seule fois, et encore au palais d'Agadir, sur la côte Atlantique, où l'ensemble des ministres a dû être transporté. C'est que le souverain ne souhaitait pas abandonner ses distractions favorites, le jet-ski notamment (les Marocains l'ont d'ailleurs affublé du surnom de « Sa Majetski »). Longtemps, Mohammed VI a déserté la plupart des sommets internationaux, et son emploi du temps est devenu un secret d'État. Au printemps 2005, on l'a vu décommander, la veille, la visite d'État qu'il devait effectuer en Arabie saoudite, au grand dam du souverain saoudien, le roi Abdallah. Du coup, ce dernier, qui se rend souvent au Maroc où il chasse le faucon, a organisé à Rabat un grand dîner en l'honneur de Moulay Hicham, le « cousin rouge » de « M6 ».

En revanche, « M6 » a voyagé, il a même beaucoup voyagé, et souvent pour des escapades privées. Et il l'a fait avec une débauche de dépenses digne de son père[1]. Certains de ses proches ont insisté en effet auprès de lui pour qu'il retrouve la posture d'Hassan II, en dépensant sans compter dans ses escapades à travers le monde. Le Makhzen a repris ses droits. Les courtisans sont de retour, avec leurs caprices et leurs exigences.

Les destinations favorites du jeune roi ? Ce sont la France, les États-Unis, l'Italie, mais aussi le Sénégal, l'Amérique latine, les Émirats, l'Inde, les Caraïbes et jusqu'aux Philippines. Des centaines de personnes accompagnent les déplacements de Sa Majesté. Assis en rang, apparemment aussi bien élevés que la mère des princes, un rien crispés, les

1 Fin 2004, l'hebdomadaire *Tel Quel* avait estimé le salaire mensuel du roi à 36 000 euros par mois, soit 460 164 euros par an (« Le salaire du roi », *Tel Quel*, 26 décembre 2004). Sans doute ce journal indépendant a-t-il un peu sous-estimé la réalité. Il a en effet ignoré une rubrique qui figure à la Direction des ordonnancements et des traitements informatiques du ministère des Finances : le salaire annuel du roi se trouve domicilié budgétairement dans la rubrique « dotations de souveraineté » et atteint quelque… 44,9 millions d'euros.

courtisans ont des sourires entendus qui parlent de ce qu'en arabe on nomme *tegr'a*, les relents de ripaille.

Plus grave, chaque voyage à l'étranger coûte une fortune. La délégation officielle compte toujours au moins deux cent cinquante personnes qui prennent place dans un Boeing 747 Jumbo, deux Boeing 737-400 et trois Hercule C-130 pour l'ameublement, l'équipement et les bagages. Le Boeing royal reçoit un kit spécial avec chambre à coucher, bureau, salle de réunion, gymnase et équipements de musique hautement sophistiqués. Les Hercule C-130 devancent la délégation avec une équipe spécialisée de cadres du groupe Primarios, une société appartenant au roi, spécialisée dans le matériel d'ameublement, les moquettes, les tapis précieux, le matériel de décoration, les bibelots, les climatiseurs, les tableaux de grands maîtres et les écrans géants de télévision. Plus risible encore, un Hercule C-130 est réservé pour le seul transport des jet-skis et du matériel de sports nautiques et de musculation.

Le coût d'une heure de vol d'un seul Jumbo-jet 747 appartenant à la compagnie nationale s'élève à 18 000 dollars. Avec des déplacements de trois semaines en moyenne et soixante heures de vol par semaine, la facture se chiffre à plus de trois millions de dollars. À quoi il faut ajouter le coût de location pour le remplacement des appareils « empruntés » par Sa Majesté et sa suite (la Royal Air Maroc doit faire face à une double dépense, en faisant aussi du charter pour transporter ses passagers et assurer le service normal des vols réguliers). Un voyage, un seul, revient à quelque dix millions de dollars. À quoi il faut ajouter les dépenses d'hébergement, près de 350 dollars par personne et par jour, une facture quotidienne de 1 800 000 dollars en moyenne. Une paille…

L'épouse du roi, la princesse Lalla Selma, voyage elle aussi, et sur un grand pied. Au mois de février 2005, elle prenait ainsi ses quartiers d'hiver pour une semaine dans le plus bel hôtel de Dubaï. La note était salée, quelque 5 000 dollars pour elle, en plus de deux cents chambres pour sa suite, les membres de sa famille lointaine de Fès, ses copines du quartier, ses bonnes et ses nouvelles courtisanes. Ses proches ont passé l'essentiel de leur temps dans les galeries marchandes de ce temple de la consommation qu'est devenu le petit émirat de Dubaï. La dame d'acier de la principauté et richissime Marocaine, installée depuis trente ans, organise toutes ces festivités avec le consul du Maroc aux États-Unis, Abdeslam Jaïdi, et les services de Mounir Majdi.

Sur place au Maroc, les cortèges royaux sont redevenus un affront quotidien pour la population : plusieurs dizaines de voitures de luxe, limousines et Mercedes blindées, dont chacune vaut au moins 800 000 euros. Pour peu qu'une voiture croise malencontreusement le cortège royal, comme en octobre 2006 à Meknès, et le *wali* (préfet) aurait été immédiatement suspendu de ses fonctions. Le garage royal compte toujours plus de trois mille véhicules, dont les deux cents voitures de collection héritées d'Hassan II [2]. Comme le disait joliment Michel Jobert, grand ami du Maroc et fidèle interlocuteur d'Hassan II, « le roi des pauvres n'est pas un pauvre roi » C'est surtout un souverain trop faible face à un entourage avide et capricieux.

---

2 Ces comportements de courtisan atteignent évidemment leur apogée dans une presse marocaine restée largement aux ordres. Un exemple parmi d'autres, particulièrement savoureux. Le 26 janvier 2006, *Le Matin du Sahara et du Maghreb*, qui est un peu la *Pravda* de Rabat, avait eu l'outrecuidance d'écrire que Sa Majesté le roi Mohammed VI « avait posé la première pierre d'un établissement pénitentiaire ». Inadmissible erreur, faute

Amis noceurs, bonjour

La débauche de dépenses somptuaires au Palais royal suppose qu'il existe un surintendant capable de négocier les achats. Le rôle est joué à la perfection depuis plus d'un quart de siècle par Abdeslam Jaïdi, un courtisan zélé et efficace. Déjà en piste sous Hassan II, il veille aujourd'hui encore aux emplettes royales en tous genres.

Né dans l'enceinte du palais de Touarga, son père était un modeste caïd local. Abdeslam débuta sa carrière irrésistible comme photographe au ministère de l'Information, avant d'épouser une Américaine et d'émigrer au pays de l'Oncle Sam dans les années 1970, où il fut affecté au consulat du Maroc à New York. Là, ce courtisan devint très vite préposé à l'intendance du Palais aux États-Unis. Cosmétiques, produits alimentaires, meubles et immeubles, le sieur Jaïdi achetait tout ce qui pouvait satisfaire les caprices ou les fantaisies de Sa Majesté et de ses affidés. Un « business » évalué encore aujourd'hui à quelque... 200 millions de dollars par an. À titre d'exemple, les dépenses annuelles en eaux de toilette et parfums représentaient, à elles seules, 4 millions d'euros. Et autant pour les bois de santal, encens, aromates, baumes, onguents, essences, nards... Il faut dire que le Palais possède vingt-neuf résidences au Maroc et à l'étranger, il en faut pour tous les goûts. On citera aussi les fameux *sirloin steaks*

---

inexcusable. Le lendemain, le journal se fendait d'un droit de réponse : « Impardonnable, l'erreur est de deux ordres : professionnel parce que nous avons mis de côté la véritable information et inventé quelque chose qui n'existe pas. Moral ensuite parce que personne ne peut imaginer, encore moins nous, que SM le roi, et quelles que soient les circonstances, puisse poser la première pierre, inaugurer ou être promoteur d'établissement pénitentiaire. »

qu'appréciaient Hassan II et ses concubines ; ou les automobiles caravanes GMC, qui accompagnaient le roi quand il jouait au golf ou quand il partait à la chasse – la rumeur populaire les surnommait BRA (pour « baisodromes royaux ambulants »).

Ambassadeur chargé du consulat général du Maroc à New York, Jaïdi le fidèle veillait sur les résidences que la monarchie possède à Westchester, Bronxville, Manhattan et Sommerset. Sans parler des ranchs au Texas et en Californie. Après le décès d'Hassan II, Jaïdi fut pris de panique : s'affichant comme un souverain modeste, Mohammed VI pourrait bien se retourner contre lui. Muni d'une solide réserve de diamants, il prit aussitôt le chemin de New York *via* Londres, où il aurait été interpellé à l'aéroport d'Heathrow. Écarté momentanément par « M6 », Jaïdi est revenu depuis dans la course aux achats. Et ce grâce à l'intervention de la princesse royale et épouse du souverain, qui commença à goûter aux effluves des parfums et autres encens achetés par notre homme.

Au printemps 2005, le surintendant Jaïdi fut chargé d'acheter aux États-Unis un jet-ski dernier cri pour « M6 ». Lequel fut saisi par les douanes américaines lors d'un simple contrôle de routine. Colérique, le diplomate piqua une crise de nerfs et s'en prit au malheureux douanier américain. Du coup, la planche fut retenue soixante-douze heures, privant « M6 » de ce cadeau qu'il s'était octroyé... Abdeslam Jaïdi aurait-il perdu la main [3] ?

Les caprices de l'entourage royal ont ainsi pris un caractère indécent. Les mauvaises habitudes sont revenues au

3 En 2006, Jaïdi n'a plus l'oreille du roi. En découvrant que l'ex-femme du consul bénéficiait d'un emploi fictif à l'Office chérifien des phosphates, dont le salaire était réglé à Paris, « M6 » a piqué une colère et décidé de mettre fin à ce privilège.

galop. Plus par indifférence que par conviction, « M6 » a laissé s'installer les copains et les coquins. « Mon rythme, expliquait-il au *Figaro* en septembre 2001, est celui du Maroc. Ce n'est pas nécessairement le même que celui que veulent nous imposer, avec arrogance et ignorance, certains observateurs transformés en procureurs. Depuis leurs cafés du commerce, ces gens veulent mettre le Maroc et son roi au diapason de leur propre fantasme. Ce temps est révolu [4]. » Cet entretien faussement martial était réalisé quelques jours avant les attentats qui ensanglantèrent New York et Washington, sinistre prélude à ceux de Casablanca en mai 2003. Depuis, tous les clignotants sont passés au rouge. Le roi se devait d'agir, et rapidement. « Le Maroc est un douar, il faut suivre ses affaires de très près », nous confiait Driss Basri. Et c'est un connaisseur !

Changement de cap

Coups de tonnerre dans un ciel trop calme, plusieurs décisions capitales du souverain marocain depuis le début 2006 semblent indiquer qu'il a pris – ou du moins son entourage avec son aval – la mesure de l'urgence. Les plus notoires, on l'a vu, sont les changements qu'il a opérés au cours de l'été 2006 dans l'appareil sécuritaire, en limogeant quelques généraux en vue. Et, dans le domaine économique, le monarque n'est pas resté inerte. En matière d'affichage, « M6 » est redevenu le « roi des pauvres » qu'il était au début de son règne. Le souverain a multiplié les occasions de montrer l'intérêt qu'il portait à la question sociale, inaugurant à tour de bras foyers de jeunes filles ou centres

4 *Le Figaro*, 4 septembre 2001.

pour handicapés. Des opérations de séduction qui ne trompaient pas grand monde – à l'exception de l'hebdomadaire *Jeune Afrique*, prompt à faire un peu de violon sur les angoisses de Mohammed VI face à la grande pauvreté d'une partie de son peuple.

Plus sérieusement, le Palais semble décidé depuis le début de l'année 2006 à réformer les deux grands moyens d'intervention sur l'économie marocaine qu'il possède. Le premier est l'Omnium nord-africain (ONA), une pieuvre industrielle et financière dont la famille royale est le principal actionnaire, exerçant son contrôle sur l'ONA *via* une cascade de holdings (la société Siger, dont elle est propriétaire, possède en direct 5 % de l'ONA et 67 % de la Société nationale d'investissement, laquelle contrôle 33 % de l'ONA ; les sociétés cotées sous le contrôle de l'ONA représentent le tiers de la capitalisation boursière du pays). Le second est l'Office chérifien des phosphates (OCP), le deuxième groupe industriel du pays, qui apporte 40 % de ses recettes au budget national. Avec la brutalité qu'on lui connaît parfois, le roi a donné de nouvelles orientations à ces deux monstres sacrés du développement marocain. Il était grand temps. Le népotisme et la gabegie qui régnaient dans ces deux institutions menaçaient l'ensemble de l'édifice.

Un homme, Mourad Chérif, P-DG de l'ONA de 1999 à 2002, puis de l'OCP (qu'il avait déjà dirigé de 1995 à 1997), après avoir été trois fois ministre, semble désormais incarner les dérives constatées. « Un bougre... » Voilà comment Driss Basri, qui connaît son sérail, en parle publiquement devant ses visiteurs [5]. Basri le connaît d'autant mieux qu'il l'a longtemps protégé. En effet, Chérif était au

5 Entretien avec l'un des auteurs, septembre 2006.

mieux avec le chef de cabinet de l'ancien ministre de l'Intérieur, un certain Hocine Benharbit [6]. Les deux hommes avaient en commun des origines familiales algériennes. Plus précisément, leurs pères respectifs avaient servi dans les services français de sécurité pendant la guerre d'indépendance algérienne. Or le ministère de l'Intérieur marocain sut, lors de l'indépendance de son voisin en 1962, récupérer une partie de ces « supplétifs », qui étaient massacrés en Algérie et refoulés en France. Mieux que quiconque, Basri sut utiliser cette force d'appoint répressive qui devait beaucoup à la monarchie.

Mourad Chérif fut nommé à la tête de l'ONA en avril 1999, à la toute fin du règne d'Hassan II. Lorsque le patron arrivait, souvent en fin d'après-midi, au siège du groupe, situé alors rue d'Alger à Rabat, un *chaouch* annonçait sa venue à haute voix. Ses collaborateurs l'attendaient au pied de l'ascenseur spécial qu'il était le seul à emprunter. Et chacun de tenter d'attirer l'attention du grand homme. Distant, hautain, le patron de l'ONA déjeunait seul, dans sa vaste salle à manger. Les cadres de l'ONA l'avaient surnommé « Mourad II », en référence à Mourad Ier, calife à l'ère ottomane. Un jour, il fit attendre deux longues heures les administrateurs de Danone, associé à l'ONA au sein de la Centrale laitière. À l'image sans doute d'Hassan II faisant patienter une journée entière la reine d'Angleterre…

Le népotisme était à l'œuvre. L'épouse de Mourad Chérif, Leila Benhima, qui se piquait de bonnes œuvres, faisait la tournée des sociétés de l'ONA en leur « demandant » de l'aider dans ses entreprises charitables. Le frère du P-DG

---

6 Hocine Benharbit connut lui aussi une belle réussite. Son fils Khalil épousa la fille cadette d'Hassan II, Lalla Hasna. Il fut le gestionnaire pendant un temps des 18 000 hectares du domaine royal.

avait été embauché comme consultant juridique avec un confortable salaire. Même un petit-neveu avait été nommé responsable d'une filiale agro-alimentaire.

L'ascension et la chute du « Basri de l'économie »

Mourad Chérif emménage dans une somptueuse villa située à Bouznika, la banlieue résidentielle située entre Rabat et Casablanca, que l'ONA lui a cédée pour une bouchée de pain. Il conserve également son impressionnante maison à Anfa, quartier huppé de Casablanca. Une chose que ce grand capitaine d'industrie n'aime guère, c'est la presse quand elle n'est pas aux ordres. Ainsi, *Le Journal*, l'hebdomadaire phare de Casablanca, s'est vu couper les vivres après un article jugé pas assez déférent : Mourad Chérif avait appelé ses multiples amis pour les enjoindre de fermer les robinets de publicité vers ce magazine, pour mieux l'asphyxier.

À ces comportements autocratiques, s'ajoutent des erreurs stratégiques. La vision de Mourad Chérif est simple : à l'heure de la mondialisation, l'ONA doit jeter des passerelles vers les grands groupes mondiaux. La France étant l'ami le plus proche et le plus fidèle du Maroc, les groupes français doivent donc être systématiquement privilégiés. Ce à quoi le patron de l'ONA s'emploie. Peu après son arrivée à la direction du groupe, il vendait à la société d'assurances Axa un des fleurons du groupe, l'Africaine d'assurance. On le voit reprendre toute la négociation à zéro, négocier un statut de minoritaire pour l'ONA, et céder le tout pour un prix considéré par tous les experts comme largement sous-évalué. De même, l'ONA a bradé une dizaine d'hypermarchés Marjane au groupe Auchan pour un prix particulièrement bas. Mourad Chérif reproduit avec l'ONA la stratégie favorable aux intérêts français qu'avait mise en œuvre André Azoulay, à la fin du règne d'Hassan II, au profit d'Accor, Vivendi et Publicis.

Dans la foulée et un peu à la façon d'un Jean-Marie Messier multipliant les acquisitions hasardeuses de Vivendi Universal, Mourad Chérif s'est lancé dans une série d'opérations de croissance externe : l'achat d'une petite entreprise de biscuiterie, BIMO, pour la somme rondelette de 440 millions de dirhams ; la reprise à prix d'or d'une modeste PME du nom de Leadfood spécialisée dans les gaufrettes et les cacahuètes ; sans oublier la prise de contrôle de la Société nationale d'investissement (SNI)à des conditions financières exorbitantes pour contrer les appétits d'un des rares capitaines d'industrie que connaisse le Maroc, le banquier Othmane Benjelloun. Résultat, l'endettement de l'ONA, remarquablement bas lors de son arrivée, a explosé. Et le tout dans une opacité comptable générale, qui rend les comptes de l'ONA particulièrement illisibles. « Les innombrables conventions qui régissent l'établissement de comptes consolidés, explique un ancien dirigeant du groupe, avaient pour effet de rendre le résultat du groupe totalement hétérogène, voire hermétique. »

Le résultat de cette gestion hasardeuse ne s'est pas fait attendre : le cours de Bourse de l'ONA s'est effondré de 40 % en 2001. Et le comportement impérieux et mégalo du « Basri de l'économie », comme on le surnomme parfois, a déplu à plus d'un. En 2002, une réception fastueuse donnée en son honneur en Guinée sera le prétexte utilisé par l'entourage de « M6 » pour l'éjecter.

En quittant le groupe, Mourad Chérif s'est accordé une allocation de 6,5 millions de dollars, présentée comme des indemnités de licenciement. Surtout, son échec à la tête de l'ONA ne l'a pas empêché d'être promu aussitôt à la tête de l'Office chérifien des phosphates (OCP), la plus juteuse des entreprises marocaines, où, on l'a vu, il avait déjà fait un bref passage de 1995 à 1997. L'OCP est le troisième producteur mondial et le premier exportateur de phosphates (dont le Maroc possède 60 % des réserves mondiales).

À la tête de l'Office, Chérif a poursuivi la stratégie qui fut la sienne à la tête de l'ONA. La collaboration avec les entreprises françaises a été privilégiée, que ce soit Cegelec, Alsthom, Technip ou BNP Paribas. Quant à la gestion quotidienne de l'OCP, elle a été simplement catastrophique, comme l'apprendront les hommes du Palais en septembre 2006 à la lecture des rapports d'expertise et d'audit. Absence de stratégie du groupe, opacité des comptes, modes de gestion sclérosés, manque d'esprit d'initiative, ruptures de stock, incurie générale : les experts consultés se montrent très alarmistes sur l'avenir du groupe. D'autant plus que se profile la menace du projet saoudien de l'usine de soufre et de phosphate d'Al-Jalamid. Plus proche de l'Asie, premier client aujourd'hui de cette industrie chimique, ce nouvel ensemble bénéficiera d'un atout géographique évident par rapport au Maroc.

La situation est d'autant plus grave que l'industrie du phosphate arrive en fin de cycle : sa croissance annuelle, qui était encore de près de 5 %, n'excédera pas dans les années à venir 1 % ou 2 %. Et encore, si des investissements très importants sont décidés. Or la présidence de Chérif a été marquée par une stagnation des efforts de modernisation et une panne de la recherche-développement. Et la relance des investissements est d'autant plus délicate à opérer que la trésorerie du groupe est très mauvaise (dégâts qui n'étaient pas trop apparents, dans la mesure où les dirigeants de l'OCP s'étaient abondamment servis de la trésorerie de la caisse interne des retraites). Autre difficulté, soulignée par un ancien haut cadre de l'Office, la pyramide des âges des salariés est extrêmement déformée : des recrutements massifs auraient dû être décidés pour rajeunir les effectifs, qui ne l'ont pas été. « Il faut d'urgence, explique un dirigeant de l'OCP, trouver de nouvelles compétences à la tête de l'Office. »

Autant de dérives, selon les experts, qui expliquent que l'on puisse être très inquiet sur la solvabilité du groupe à brève échéance. Leur évaluation a été pourtant rendue très difficile par l'opacité des comptes. « Des doutes importants existent, nous a expliqué un familier du Palais royal, sur la fiabilité même des informations financières du groupe. » Et le même d'ajouter : « On est à deux doigts d'Enron, des centaines de comptes ont été dissimulés à l'étranger. »

Colères royales

Dès le début 2006, le Palais royal était déjà conscient de la gravité de la situation. En février 2006, Mohammed VI, très en colère, écarte Mourad Chérif, qu'il n'aime guère, de la direction de l'OCP. Le souverain nomme à sa place Mostafa Terrab, rentré d'urgence de Washington où il était un des hauts cadres de la Banque mondiale. On se souvient (voir *supra*, chapitre 6) que Terrab avait été écarté du sérail marocain en 2002, alors qu'il avait brillamment piloté l'appel d'offres de la seconde licence GSM. Son retour est un signal fort.

Quelques mois après son arrivée, le nouveau patron de l'OCP se débarrasse, en septembre 2006, d'un groupe de dirigeants qui auraient été les complices de Mourad Chérif dans des actes délictueux (faux et usage de faux, visas de marché antidatés, etc.). Une « restructuration », plaide la nouvelle direction, est à l'œuvre, des cadres nouveaux doivent être appelés à l'état-major. En fait, nous indiquent alors des sources proches du Palais, la réalité est plus simple : les pertes étaient considérables du côté des filiales étrangères créées par la direction financière. Les proches du roi s'interrogent notamment sur les conditions de vente à prix cassé de phosphate, la richesse nationale, à une société américaine dirigée par un ancien cadre commercial du groupe...

Mourad Chérif, on l'a vu, préside depuis mars 2006 la BMCI, la filiale marocaine de BNP Paribas, l'établissement prestigieux où a justement démarré cet autre ami de la France qu'est André Azoulay et qui était la banque de l'OCP. Reste que l'éloignement de Mourad Chérif, tant de l'ONA que de l'OCP, n'a pas suffi, à lui seul, à assainir la situation des grandes affaires marocaines.

En juin 2006, une séance de travail consacrée à l'ONA a lieu au palais de Rabat en présence du souverain. Le conseiller très proche du roi qui pilote le dossier depuis le départ de Chérif, Mohamed Mounir Majidi, entame un long exposé. On le surnomme « M3 », en raison de sa proximité avec le souverain. Les deux hommes se connaissent depuis leur jeunesse commune, et ils ne se sont guère éloignés depuis. Majidi fut longtemps un quidam perdu dans l'anonymat des entourages du Palais. Jusqu'au jour où il devint le grand ami de Nawfal, le fils de la sœur d'Hassan II, la princesse Lalla Nezha, et donc le cousin de Mohammed VI. Au lendemain de la mort prématurée de Nawfal, « M6 » se rapproche de « M3 ». Le prince héritier lui confie d'abord la mission de constituer une cagnotte discrète et personnelle. D'où la création de quelques affaires, avec la « bénédiction du roi » selon les dires de Majidi. Sa réussite lui a fait acquérir la confiance de « M6 », qui l'a nommé fin 1999 au poste prestigieux de « secrétaire particulier du roi », puis de directeur du secrétariat particulier de Sa Majesté. En 2002, il a été promu aux fonctions de président de la holding royale Siger, qui contrôle l'ONA.

D'un tempérament vif, « M6 » se lève souvent pendant les réunions avec ses principaux conseillers pour fumer une cigarette, faire quelques pas, ou encore avaler un café. À peine Majidi a-t-il pris la parole qu'on voit le jeune souverain, ce jour-là, quitter son siège et traverser la salle. Soudain, le roi devenu fou furieux se précipite vers « M3 », renverse le malheureux à terre et le roue de coups. « Voilà où tu nous mènes, espèce d'incompétent, avec tes affaires véreuses », lui explique-t-il en substance.

Il est vrai que sous l'ombrelle du Palais, Majidi a développé quelques affaires personnelles. *Le Journal hebdomadaire* a surnommé Majidi le « Seigneur des panneaux ». *Via* une modeste entité du nom de FC.Com, cet habile homme a réalisé une OPA sans précédent sur l'ensemble du secteur des panneaux publicitaires : plus de 1 200 emplacements pour la seule ville de Casablanca, le monopole sur tous les panneaux autoroutiers et l'exclusivité dans les aéroports. Sans parler des gares ferroviaires, où il officie seul dans l'ensemble du Maroc.

Cantonnés à quelques ouvertures avec les municipalités, ses concurrents ne disposent que de contrats limités à cinq ans. Majidi, lui, s'arroge le droit de proroger ses accords à trente ans. Même la famille de Réda Guédira, l'ancien bras droit d'Hassan II décédé en 1995, n'a pas été épargnée par le rouleau compresseur. Le contrat exclusif dont ses héritiers bénéficiaient avec l'Office national des aéroports a été cassé par le Palais au profit de la société FC.Com de Majidi. Dans ses démarches personnelles, il se présente évidemment comme le « secrétaire particulier de Sa Majesté le roi ». Avec la complicité bienveillante de plusieurs walis, gouverneurs, présidents de conseils municipaux, soucieux d'être bien vus du Palais, l'ami Mounir est en train de devenir le magnat du panneau publicitaire. Le gouvernement de Driss Jettou a conforté la prééminence du conseiller royal en promulguant des projets de loi organiques organisant l'industrie publicitaire qui confortent le monopole de la société FC.Com.

Plus sérieusement, l'ONA connaît de sérieuses difficultés. Espérons que l'ami de « M3 », Dominique Strauss-Kahn, qui lui a proposé, en 2005, des cours particuliers en vue d'une formation accélérée en économie, l'aide à y voir clair dans l'économie marocaine.

L'Omnium nord-africain : la descente aux enfers

Dans l'esprit d'Hassan II puis de « M6 », l'ONA aurait dû être le poids lourd des entreprises du royaume, la matrice qui irriguerait le tissu industriel, le navire amiral du pays. Voici l'instrument rêvé pour développer le marché intérieur et porter à l'étranger les couleurs du pays. Une sorte de capitalisme d'État à la marocaine. Dans toute tentative de libéralisation et de privatisation d'une économie centralisée, il faut bien créer des structures indépendantes capables de prendre la relève des forces étatiques. À condition toutefois que cette holding d'État ne serve pas seulement les privilèges d'un petit nombre et soit au service de l'intérêt national, avec l'aide de serviteurs du bien public compétents et honnêtes. Or, avec l'ONA, on va assister peu à peu à la vampirisation de l'économie marocaine. Les appétits de l'entourage royal vont peu à peu priver les entrepreneurs nationaux de leurs marges de manœuvre.

En mai 2005, *Le Journal hebdomadaire* publie un véritable pavé dans la mare sous la forme d'un dossier rigoureux et chiffré sur la gestion de l'Omnium nord-africain. Le dossier est signé par Amar Drissi, qui fut un des hauts cadres du groupe avant d'être écarté de la direction générale à la fin des années 1990. Accablant : « La façon de traiter l'ONA oscille entre deux extrêmes, note cet ancien dirigeant, soit le silence et l'omerta, soit le triomphalisme dithyrambique et complaisant. [...] Rarement sont considérés et examinés les faits, les enjeux, les rapports de force et les rapports de sens, les stratégies, les manœuvres des acteurs [7]. » Ce que l'auteur de l'article va s'employer à faire, en rappelant un certain nombre d'indicateurs opérationnels et de stratégies successives qui éclairent le déclin du groupe...

Drissi confirme que la nomination de Mourad Chérif en avril 1999 précipite le déclin. « Crispation autoritaire » et « stratégie hasardeuse », l'ONA commence sa descente aux enfers. « La dynamique se fige, l'attention aux hommes et au terrain disparaît, écrit Drissi, la gestion d'image prend le dessus. » Et encore : « Un climat délétère s'installa, on entrait dans le management du soupçon... » Lors de la première réunion des cadres le mois de sa nomination, le nouveau patron de l'ONA devait résumer les nouvelles tables de la loi. « Le plus important pour moi, ce n'est pas la compétence, mais la loyauté. » La messe était dite....

---

7 Amar Drissi, « La trilogie de l'ONA », *Le Journal hebdomadaire*, 26 avril 2005.

La publication de ce dossier somme toute technique vaudra à son auteur menaces, intimidations et autres désagréments. Incapables de répondre sur le fond, les responsables incriminés, Mourad Chérif en tête, vont viser en dessous de la ceinture. Et évidemment, le courage aidant, ces hauts responsables vont riposter de manière anonyme et indirecte. Des entrefilets fielleux parus dans une presse aux ordres tenteront vainement de s'en prendre à sa personne. Après nombre de conciliabules fébriles, Chérif et les siens renoncent à toute action en justice, compte tenu du sérieux des chiffres publiés et du risque, toujours présent, de la publication d'autres dossiers encore plus dévastateurs.

La nouvelle équipe est mise en place sous l'égide de Bassim Jaï Hokaimi (nommé P-DG de l'ONA en avril 2002), un technocrate aux ordres de Majidi ; va-t-elle changer la donne ? Pas vraiment. Certes, un toilettage financier permet de rendre le bilan plus lisible et quelques opérations de cession redonnent de l'oxygène au groupe. Le rachat de la Wafa Bank, la première banque du pays, est censé donner au groupe les moyens financiers de son ambition.

Piloté par « M3 » depuis le Palais, l'ONA avide d'argent frais tente aujourd'hui de renégocier – sous l'égide de son nouveau P-DG, Saâd Bendidi, nommé en décembre 2004 – un certain nombre de pactes d'actionnaires trop complaisamment négociés par Mourad Chérif avec de grandes entreprises françaises comme Axa et Auchan. « La grande distribution et la finance ne sont pas les seuls métiers sur lesquels lorgne l'ONA, notent Ali Amar et Fedoua Tounassi dans *Le Journal hebdomadaire*, les nouveaux objectifs se trouvent aussi dans les services aux collectivités (eau potable, assainissement)[8]. » Or là, c'est

---

8 « La "alaouisation" de l'économie », *Le Journal hebdomadaire*, 7-13 octobre 2006.

Veolia, le deuxième groupe privé français dirigé par un grand ami de Chirac, Henri Proglio, qui tient le haut du pavé à Tanger ou à Rabat. À l'avenir, l'ONA ne veut plus se contenter d'occuper un strapontin. Autant de visées stratégiques qui « donnent des oreillons à l'ambassade de France », note *Le Journal hebdomadaire*. Et d'ajouter : « Les diplomates français ne cachent plus leur colère envers l'attitude de l'ONA sur leurs vaches à lait marocaines. » D'autant plus que les amis de « M6 » paraissent décidés à se tourner résolument vers d'autres investisseurs internationaux venus du Golfe, en particulier les Émiratis, dont le portefeuille est beaucoup plus garni que celui de leurs amis français et les intentions moins carnassières.

Sous couvert d'une alliance stratégique avec la France, les Chérif, Azoulay, Jettou et autres grands serviteurs de l'État ont bradé la richesse nationale marocaine. Et ils ont causé plus de mal que de bien à ce qui devrait rester une grande amitié entre deux pays aussi proches que le Maroc et la France.

III

Le Maroc sous pression

8

Paris-Rabat, fin de partie

Contrairement à son père, Mohammed VI brille par son absence sur la scène internationale, ce qu'on ne peut que regretter. On se souvient encore de ce mois de juillet 2006 où il a « séché » une importante conférence euro-méditerranéenne sur l'immigration organisée à Rabat et parrainée par l'Espagne. Alors qu'une dizaine de ministres des Affaires étrangères se pressaient dans la capitale marocaine, escortés d'une centaine de diplomates, alors que Jacques Chirac faisait lire un long message, Mohammed VI, lui, errait dans le nord du pays. Au programme : inauguration d'un tronçon d'autoroute, d'une école[1]... Même s'il est de notoriété publique que la diplomatie marocaine repose d'abord sur quelques diplomates de haut vol, tant de désinvolture fait jaser. Et ce n'est qu'un exemple entre mille.

---

1 <www.bakchich.info>, 11 juillet 2006.

Une légèreté que le journaliste du *Figaro* Thierry Oberlé avait cruellement soulignée quelques mois plus tôt : « C'est un roi nomade, un souverain vagabond sans attache ni véritable capitale. Mohammed VI parcourt son royaume à longueur d'année, de palais en palais. Il passe l'hiver dans la douceur du Sud, à Agadir ou Marrakech, le lieu de villégiature à la mode, et l'été dans le Nord, à Tanger ou Tétouan, dans ce Rif longtemps rebelle tant méprisé par Hassan II. [...] Voyageur, il apprécie surtout les périples au long cours. Il a accompli, fin 2004, un circuit d'un mois en Amérique du Sud, qui s'est achevé par un séjour privé à Saint-Domingue. Cette année, il a prévu de partir plusieurs semaines en Asie. Il arrive aussi au roi de disparaître pour une escapade secrète de plusieurs jours à l'étranger. Seuls quelques proches connaissent sa destination : l'hôtel Ritz, à Paris, ou sa résidence new-yorkaise [2]. » La France reste en effet l'une des escales récurrentes du souverain et des membres de sa famille, qui possèdent quelques joyaux immobiliers dans la capitale.

Atmosphère de fin de règne

Pourtant, entre les deux pays, il se dégage depuis la mort d'Hassan II, en 1999, comme une atmosphère de fin de règne. Il faut dire que les relations entre Jacques Chirac et Mohammed VI ne sont guère placées sous le sceau de l'amitié, comme l'étaient celles qui unissaient le président français à Hassan II. « Il y avait entre eux une capillarité très forte, une connexion permanente, une alchimie... »

2 *Le Figaro*, 16 novembre 2005.

raconte un diplomate français [3]. Selon le journaliste Jean-Pierre Tuquoi, « la connivence entre Jacques Chirac et Mohammed VI est un mythe soigneusement entretenu par l'Élysée depuis des années et accepté par le Palais royal parce qu'il le sert [4] ». Au fond qu'auraient, en dehors du travail, à se raconter ce président septuagénaire et ce jeune roi quadra ? Probablement pas grand-chose, Mohammed VI préférant copiner avec des jeunes de son âge comme Ali Bongo, le fils du président gabonais, ou celui du président sénégalais, Karim Wade.

Sept ans après l'accession au trône de Mohammed VI, Jacques Chirac, qui prédisait à l'été 1999 un avenir de « grand roi » au nouveau monarque, est déçu. Très déçu, lui qui avait fait « allégeance » à Mohammed VI le jour de l'enterrement d'Hassan II : « Majesté, je dois beaucoup à votre père et, si vous le souhaitez, tout ce qu'il m'a donné, je m'efforcerai de vous le rendre [5]. » Soucieux de s'affranchir du paternalisme envahissant du président français, Mohammed VI néglige celui qu'il ne considère pas comme un mentor. Excepté en période de crise, comme lorsque le Maroc a urgemment besoin du soutien de la France sur le dossier du Sahara occidental, il lui téléphone peu. En 2004, il révoque même sans ciller Hassan Abouyoub, ambassadeur du Maroc en France et très apprécié du président.

« Mohammed VI, Chirac l'a rêvé », résume ce diplomate français cité par les journalistes Éric Aeschiman et Christophe Boltanski dans leur ouvrage *Chirac d'Arabie*. « Le retour à la réalité est rude et, passant selon son

---

3 Cité par Éric Aeschiman et Christophe Boltanski, *Chirac d'Arabie*, Grasset, Paris, 2006.

4 Jean-Pierre Tuquoi, *« Majesté, je dois beaucoup à votre père ». France-Maroc, une affaire de famille*, Albin Michel, Paris, 2006.

5 *Ibid.*, p. 17.

habitude d'un excès à l'autre, le chef de l'État n'hésite plus en privé à pronostiquer pour bientôt une grave crise sociale au Maroc. Comme s'il tenait sa revanche sur sa déception [6]. » Comme par enchantement, le « grand roi » serait plutôt un roi fainéant, davantage disposé à passer du bon temps avec ses amis qu'à travailler. Ces rumeurs alimentent la paranoïa des Marocains qui, dans chaque article ne chantant pas les louanges du royaume comme on les y a habitués, voient la main noire des services français et autres forces de l'ombre. C'est par exemple ce qui est arrivé au journal satirique en ligne *Bakchich.info* lancé en 2006, accusé à tort par les services de renseignements marocains d'être le porte-voix de la DGSE…

Même si l'on ne peut bien sûr pas résumer les relations franco-marocaines aux liens entre les deux chefs d'État, ce n'est guère trop s'avancer que de pronostiquer qu'un chapitre sera clos au lendemain des présidentielles françaises de 2007… Et déjà la nostalgie pointe. En France, certains se prennent à regretter à voix haute les extravagances du père de Mohammed VI et sa sympathique francophilie. Il faut dire que, contrairement à son fils, le monarque savait se montrer taquin, extraverti, jouant tantôt les chefs cuistots trois étoiles, tantôt les inventeurs de génie ou les grands toubibs. Un jour de 1993, alors qu'il recevait à Rabat Jérôme Monod, un proche de Jacques Chirac depuis un quart de siècle, il s'est surpassé. À l'époque, Chirac était au plus bas dans les sondages, laminé par Édouard Balladur qui passait alors pour le favori de la présidentielle de 1995. On connaît la suite… Toujours est-il qu'après avoir souhaité la bienvenue à son invité, Hassan II griffonna quelques mots sur un papier, qu'il signa « Docteur Hassan », avant de le tendre

6 Éric Aeschiman et Christophe Boltanski, *Chirac d'Arabie*, *op. cit.*

à Jérôme Monod : « Vous donnerez cette ordonnance à votre ami, je lui prescris une poudre pour rester plus calme. Il s'agite trop et c'est cela qui lui nuit dans la conquête du pouvoir [7]. » Pourrait-on imaginer pareille scène entre Mohammed VI et Nicolas Sarkozy ou Ségolène Royal ? Pas vraiment...

Signaux avant-coureurs

De petits signes indiquant que l'édifice se fissure imperceptiblement commencent à surgir, encore anodins, mais révélateurs. Il semble révolu le temps où le patron du *Nouvel Observateur*, Jean Daniel, se voyait offrir une montre en or par Hassan II. Embarrassé, il avait alors demandé conseil à Michel Jobert, l'ancien ministre des Affaires étrangères de Georges Pompidou, un Marocain de cœur né à Meknès et qui restera lié à la monarchie jusqu'à son décès en 2004. « J'ai répondu à Jean Daniel qu'il valait mieux qu'il accepte le présent d'Hassan II, sinon il ferait de la peine à Sa Majesté. » Et, après un bref silence, il ajoutait d'un mot cruel : « C'est cela que je lui ai dit, parce que c'est cela qu'il voulait entendre [8]. » Dans le Maroc de Mohammed VI, lorsque *Le Nouvel Observateur* publie un dossier aigre-doux sur le royaume chérifien, la presse locale rappelle, offusquée, que Jean Daniel a pourtant « l'habitude d'être reçu royalement au Maroc ».

7 Entretien de l'un des auteurs avec Jérôme Monod.

8 Cette anecdote a été rapportée par Michel Jobert en 2001 à l'un des auteurs lors de l'un de ces déjeuners du samedi au cours desquels il aimait, à la fin de sa vie, se retrouver avec quelques amis proches.

Même les rapports pondus par de vénérables politiciens français se font moins compatissants. Ce n'est pas le sénateur socialiste Michel Charasse qui dira le contraire. Dans son rapport de 2001 déjà cité (voir *supra*, chapitre 4) sur le bilan de la coopération avec les États du Maghreb, il levait le voile sur certaines pratiques qui en disent long sur les mœurs décadentes de la France-Maroc[9]. On y apprenait par exemple que Bercy avait passé avec le ministère de l'Intérieur marocain en 1997 un accord de 25 millions de francs « pour assistance technique à la maîtrise d'ouvrage de la future autorité en charge des transports collectifs de Casablanca et études préliminaires (projet dit du "métro de Casa") ». Le maître d'œuvre en était Bouygues qui, à l'origine, était supposé rembourser l'avance consentie par l'État français s'il emportait le projet. Or, au final, cette clause n'a pas été retenue. « Il n'est pas interdit de penser, expliquait perfidement Charasse, que cette aide irrégulière de 25 millions de francs risque d'avoir été consentie à fonds perdus, en tout cas pour le contribuable français. »

Le sénateur étendait même ses critiques à l'ensemble du système d'aide français, centré sur les seules élites marocaines : « La répartition des enveloppes, notait-il, souligne la priorité donnée à une coopération éducative, culturelle et linguistique classique, de bon aloi, mais qui reste essentiellement réservée à l'élite et aux populations urbaines plutôt aisées, sans attention suffisante aux vrais défis que pose le Maroc de Mohammed VI, confronté à une double obligation démocratique et sociale. » Et d'ajouter : « À cet égard, le poids d'une tradition qui amène les élites marocaines à préférer scolariser leurs enfants dans le réseau

9 Michel Charasse, *Bilan de la coopération avec les États du Maghreb : une « rénovation » justifiée, op. cit.*

français au prix de pressions souvent fortes, lesquelles ont été jusqu'à des méthodes proches de la corruption, peut constituer un obstacle important à la mise en chantier d'un réseau national de qualité. »

Le plus cocasse reste néanmoins la réponse du ministère des Affaires étrangères aux remarques du sénateur : « Ces observations sont largement exactes. Encore ne faut-il pas ignorer que la formation des cadres de l'enseignement (qui s'appuie, il est vrai, sur des mécanismes bien rodés) et des futurs cadres supérieurs (grandes écoles d'ingénieurs) constitue une contribution très forte aux capacités de développement du pays. Que cette coopération se soit concentrée sur le "Maroc utile" au détriment des campagnes ne lui confère pas néanmoins le caractère de "traditionnel". »

Un Quai d'Orsay qui se mord maintenant les doigts d'avoir fermé les yeux sur certaines pratiques des Marocains avec son propre personnel diplomatique. Élevé à la dignité d'« ambassadeur de France à vie », une distinction réservée depuis Louis XIV à la fine fleur des diplomates français, Jean-Bernard Mérimée incarnait sans nul doute ce que le Quai avait de meilleur. Collaborateur de Valéry Giscard d'Estaing à l'Élysée, ce grand serviteur de l'État a été nommé par la gauche aux fonctions prestigieuses de représentant de la France à l'ONU, de 1991 à 1995. Une carrière brillante menée avec la souplesse qui convient lorsque, par exemple, Mérimée initie les proches de Mitterrand au protocole élyséen après mai 1982. Du moins jusqu'à cet automne fatal de 2005 où il a dû s'expliquer dans le bureau du juge Philippe Courroye, adepte de la détention préventive et virtuose de l'interrogatoire. Lors d'une retraite particulièrement active, l'ami Mérimée a mis les doigts dans le pot de confiture et bénéficié de quelques barils de pétrole détournés du programme « Pétrole contre nourriture » des

Nations unies en Irak, à hauteur de 165 000 dollars. Plutôt gênant... Mais, signe des temps, ses bons camarades diplomates l'ont accablé sans retenue, avec Serge Boisdevaix, ancien secrétaire général du Quai d'Orsay, également mêlé au scandale « Pétrole contre nourriture » et lui aussi interrogé par le juge Courroye. Aucune réaction corporatiste, pas l'ombre d'un respect pour des « ambassadeurs de France ». D'autant que ces comportements auraient fait l'objet dès 2001 d'un avertissement clair à ces messieurs. « Est-il normal, souligne un ambassadeur, qu'un Mérimée à la retraite ait fait du conseil pour une banque marocaine qui l'a mené à Bagdad négocier quelques créances douteuses avec le régime de Saddam, tout en conseillant le secrétaire général de l'ONU, Kofi Annan [10] ? »

Onctueux, toujours fort élégant, l'ancien chef du protocole de Giscard et descendant lointain du célèbre écrivain Prosper Mérimée a laissé un souvenir ébloui à Rabat, où il a officié comme ambassadeur de 1987 à 1991. L'ancien ministre de l'Intérieur Driss Basri se souvient du diplomate comme « d'un homme charmant, un ami du Maroc, qui fréquentait la très bonne société de Rabat ». Au mieux notamment avec Moulay Ahmed Alaoui, cousin du roi aujourd'hui décédé et ancien directeur du quotidien *Le Matin du Sahara*, porte-voix officieux du Palais. Les Marocains lui en surent gré. À l'entrée du désert de pierres d'Ouarzazate, quelques magnifiques villas avaient été construites. Bon prince, le roi défunt avait demandé au wali local, Allal Saâdaoui, d'offrir quelques superbes terrains à des amis du régime, dont Jean-Bernard Mérimée. « Il était loin d'être le seul », se défend aujourd'hui Driss Basri. Les archives du Quai d'Orsay ont conservé la trace du cadeau

10 Entretien avec l'un des auteurs, fin 2005.

royal fait à l'ancien ambassadeur, comme l'avait raconté *Le Canard enchaîné*, sans qu'apparemment un tel geste ne suscite à l'époque une quelconque réserve.

Piques et reproches

Entre évolution des mœurs, fossé des générations et susceptibilités égratignées, des rancœurs se font jour sur les deux rives de la Méditerranée. Les signaux ne manquent pas. Alors que le groupe Dassault venait de remporter au Maroc un gros contrat de remise à niveau de Mirage, accordé lors de la visite à Rabat de Dominique de Villepin, les 26 et 27 octobre 2005, le quotidien qui appartient à Serge Dassault laisse publier, le 16 novembre, un portrait de Mohammed VI particulièrement acerbe. Un fait pour le moins inhabituel dans les colonnes du *Figaro*. Le papier a été perçu comme un « geste inamical » à Rabat. Des proches du Palais l'ont même interprété comme une manifestation de mauvaise humeur de Serge Dassault lui-même.

Les dirigeants du groupe d'aviation ont en tout cas été surpris par les exigences de certains intermédiaires apparus dans la phase finale de la négociation du contrat des avions. Parmi eux, un homme d'affaires et banquier contesté, Othman Benjelloun. Outre le fait d'avoir recruté Jean-Bernard Mérimée comme conseiller entre 1999 et 2005 pour sa banque, la BMCE, il avait été, au début des années 1980, l'intermédiaire plutôt gourmand dans de gros contrats de Westinghouse et de Lockheed. À l'époque, il pouvait compter sur la protection de Mohamed Médiouri, chef de la garde royale, et d'Ahmed Dlimi, le puissant chef des services secrets d'Hassan II (mystérieusement tué dans un « accident de la route » en 1983). Apparemment, les cadres de Dassault, qui n'ont besoin de personne pour connaître l'adresse des Forces armées royales (FAR), n'ont pas goûté l'intervention intempestive de cet homme d'affaires. Et l'ont fait savoir au Palais.

Dans un registre tout aussi affairiste, Nicolas Sarkozy, candidat déclaré de l'UMP à la présidentielle de 2007, aurait confié à un proche au printemps 2006 : « J'ai trois dossiers contre Chirac : Clearstream, les comptes japonais et, surtout, les comptes marocains. [...] Mais sur ce que Chirac possède au Maroc, je pense que personne n'osera jamais en parler, c'est effrayant. » Le généreux royaume peut dormir sur ses deux oreilles, car, toujours selon la même source, Sarko se serait empressé d'ajouter : « Pas question de lancer le feu nucléaire pour l'instant, Chirac et Villepin sont assez bas comme cela dans les sondages. Cela pourrait me nuire, moi l'héritier, malgré tout, de la droite au pouvoir. »

Le 19 mai 2006, c'est ce même Sarkozy que les Marocains avaient appelé à la rescousse en lui demandant avec insistance de faire une courte escale à Marrakech alors qu'il rentrait d'une tournée en Afrique. Les officiels du royaume se seraient alors plaints, entre autres, des « agissements » du juge français Patrick Ramaël. Ce dernier enquête avec ardeur sur la disparition de l'opposant marocain Mehdi Ben Barka à Paris, en 1965. Réputé pour sa ténacité, le juge s'était en effet offusqué de la manière cavalière dont les autorités marocaines l'avaient baladé alors qu'il exécutait une commission rogatoire au royaume fin 2005. De fait, on le serait à moins : son homologue marocain n'a rien trouvé de mieux que de lui signifier que les adresses des rares témoins potentiels encore en vie, dont le puissant patron de la Gendarmerie royale, Hosni Benslimane, étaient inconnues de la justice chérifienne – alors que n'importe quel chauffeur de taxi est capable de vous y mener. Le juge

Ramaël avait de surcroît subi l'affront d'une vilaine campagne de la presse aux ordres. Un hebdomadaire réputé proche des gradés marocains s'était même fendu de cet avertissement : « Comme c'est surtout une affaire franco-française, perpétrée à Paris, avec le concours et l'implication de fonctionnaires de police de ce pays, il importe qu'elle reste circonscrite à son véritable champ et qu'elle ne soit pas exportée chez nous à des fins insidieuses qui n'échappent à personne. »

Actant la mauvaise volonté des Marocains, le juge Ramaël s'est replié sur Paris, pour s'en prendre avec délectation aux symboles passés et présents de la glorieuse monarchie alaouite. En juin 2006, il perquisitionnait le domicile de Driss Basri, réfugié à Paris. À Rabat, on a accusé le coup. Même si, à l'époque de la disparition de Ben Barka, Basri ne faisait qu'entamer sa carrière de premier flic du royaume, les militaires qui montaient la garde devant son ministère se souviennent encore que, à la veille de son renvoi, des piles de documents ont été évacuées par fourgonnettes entières...

Quelques jours plus tôt, le juge avait déboulé sous les lambris du Ritz. Dans sa ligne de mire, le vénérable Driss Benzekri, un ancien prisonnier politique sous Hassan II que Mohammed VI a nommé président de l'Instance Équité et Réconciliation (IER). Cette structure, la première du genre dans le monde arabe, a été mise en place par le roi en 2004. Mission : faire la lumière sur les graves violations des droits de l'homme commises sous le règne d'Hassan II. Même si le travail de l'IER a permis d'élucider de nombreuses disparitions et d'indemniser des victimes, force est de constater qu'aucun élément nouveau n'a été versé au dossier Ben Barka. Par ailleurs, on ne peut que déplorer, même si cela avait été annoncé dès le début, que les responsables présumés de violations massives des droits de l'homme n'aient été ni inquiétés ni même cités, du moins dans la version du rapport de l'IER rendue publique en janvier 2006.

À ces tourments judiciaires, s'ajoutent des reproches français qui ne tombent habituellement pas dans toutes oreilles. Dans une « note de contact » émanant du ministère français de la Défense et datée de juin 2003, on découvre que Driss Basri estime que les Français, « déçus depuis un moment par la mainmise américaine sur le Maroc, n'aident plus les services marocains comme auparavant ». Toujours selon Basri, Hamidou Laânigri, à l'époque patron de la DST, et Fouad Ali El Himma, proche collaborateur du roi, sont « devenus des petits serviteurs de la CIA », dégoûtant les services français qui, « ces derniers six mois, ont affiché une indifférence remarquée ». Dire qu'un mois avant que cette note ne soit rédigée, quarante-cinq personnes avaient péri dans les attentats de Casablanca du 16 mai... Et Driss Basri de glisser que « Jacques Chirac l'a dit clairement à Moulay Rachid [le frère de Mohammed VI] lors de la visite de ce dernier à Paris ». Les Français n'auraient alors pas mâché leurs mots.

Au rayon « mécontentements », on peut également mentionner ces reproches transmis courant 2006 aux autorités marocaines par l'intermédiaire du Quai d'Orsay : suspicion d'un trafic de papiers diplomatiques à l'ambassade du Maroc à Paris, inefficacité du consulat général du Maroc à délivrer les précieux laissez-passer permettant d'expulser les Marocains en situation irrégulière... La liste s'allonge. Dans l'entourage du roi, dont certains membres sont devenus « notoirement antifrançais » de l'aveu de certains technocrates du ministère marocain des Affaires étrangères, on fait le compte de ces vexations infligées par les « Francaouis ». Ambiance...

Lune de miel espagnole

L'Espagne profite naturellement de l'éclipse française. Les deux pays vivent une idylle des plus romantiques depuis le départ en 2004 du conservateur José Maria Aznar et l'arrivée du socialiste José Luis Zapatero au poste de Premier ministre. Deux anecdotes rapportées par le journaliste Ignacio Cembrero dans son excellent ouvrage *Vecinos alejados* (Voisins des deux rives) montrent que c'est même l'Espagne la plus entreprenante [11].

Fin 2005, les ambassadeurs français et ibère en poste à Rabat et Alger sont sollicités par leurs administrations pour pondre un énième rapport sur le Sahara occidental. En Algérie, la bonne entente franco-espagnole fait des miracles. À Rabat, les deux éminences se chamaillent. Le ton monte. Le Français, Philippe Faure, voit en Ceuta et Melilla deux « enclaves » espagnoles sur la côte marocaine. Son *alter ego*, Luis Planas, rechigne : il trouve une connotation coloniale au terme. Il finit par avoir le dernier mot, puisque c'est celui de « ville » qui est retenu. Pourtant, les villes de Ceuta et Melilla sont bien des enclaves espagnoles implantées dans le nord du Maroc : elles sont principalement peuplées d'Espagnols, leur monnaie est l'euro et elles désignent des représentants aux Cortès, le Parlement ibérique. Madrid n'a même jamais sérieusement envisagé de les restituer à son voisin, jugeant l'idée aussi saugrenue que si Londres lui offrait Gibraltar sur un plateau d'argent… Mais, au royaume, objet de toutes les câlineries espagnoles, le sujet est douloureux. Ceuta et Melilla sont perçues comme deux verrues sur la côte marocaine et on estime que, lésé lors de la décolonisation, le pays n'a pas

11 Ignacio Cembrero, *Vecinos alejados. Los secretos de la crisis entre Espa¤a y Marruecos*, Galaxia Gutemberg, Barcelone, 2006.

parachevé son intégrité territoriale. Quand on évoque le sujet, même les politiciens les plus pondérés ont vite fait de nourrir des propos va-t-en-guerre.

En janvier de la même année, l'ONG de défense des droits de l'homme Amnesty International appuie là où ça fait mal et rend publique une lettre envoyée au roi d'Espagne juste avant qu'il n'entame une visite officielle à Rabat. Amnesty s'y inquiète de l'« augmentation significative des plaintes pour actes de torture enregistrées depuis 2002 » au Maroc. En vain... Alors que la presse espagnole, prompte à taper sur le royaume chérifien, s'empare de l'affaire, le Conseil des ministres annonce la décoration de deux militaires abonnés aux rapports d'Amnesty International : le général Hamidou Laânigri, alors chef de la Sûreté nationale, et le patron de la gendarmerie Hosni Benslimane sont faits grand-croix de l'Ordre d'Isabelle la Catholique, l'une des plus hautes distinctions espagnoles.

Les courbettes du gouvernement socialiste de José Luis Zapatero doivent faire pâlir d'indignation l'ancien Premier ministre José Maria Aznar. En poste de 1996 à 2004, ce petit moustachu teigneux et réputé psychorigide avait infligé une série d'humiliations aux Marocains, qui continuent de le vouer aux gémonies. À en croire une note blanche du ministère français de la Défense, non datée mais probablement rédigée vers la fin 2002 [12], les relations entre Aznar et

12 Cette note confidentielle rendait compte d'une réunion entre un journaliste espagnol du quotidien *La Razon*, Pedro Canalès, ami du patron des services de renseignements extérieurs (CNI), et de hauts responsables marocains : Taïeb Fassi Fihri, proche collaborateur du roi et secrétaire d'État aux Affaires étrangères, le général Ahmed El-Harchi, chef du renseignement extérieur, et Noureddine Benbrahim, numéro deux de la DST.

Mohammed VI ont pris une tournure détestable dès l'accession de ce dernier au trône, en 1999. Aznar a en effet été le premier homme d'État à rendre visite au jeune souverain et aurait « ouvert l'audience en faisant une offrande au Maroc [...] sous forme d'un chèque de 50 millions de dollars pour aider le royaume à surmonter cette période difficile ». Chèque qu'aurait refusé Mohammed VI, préférant que « l'Espagne assiste le Maroc en respectant ses positions ». Lors d'une seconde rencontre, le général El-Harchi, à l'époque patron des renseignements extérieurs, aurait vu Mohammed VI sortir « d'une réunion avec Aznar au Palais royal de Rabat en colère et dans tous ses états », promettant « devant quelques conseillers de venger la dignité et l'amour-propre du royaume ».

Entre ces deux-là, le divorce a été vite consommé. Leur incompatibilité d'humeur a entraîné les deux États dans une spirale négative qui a culminé en juillet 2002 avec la crise un peu ubuesque de l'îlot Persil [13]. De part et d'autre, les reproches pleuvent alors, assassins, mesquins. Selon la note blanche du ministère français de la Défense, José Maria Aznar juge que le Maroc doit « payer cher sa décision de ne pas reconduire l'accord de pêche, de tenter d'occuper

---

13 La souveraineté espagnole sur cet îlot désert situé à quelques encablures des côtes marocaines a toujours été contestée par le Maroc (pour lequel il s'appelle « Leila »). Sans que l'on sache exactement pour quelle raison, le 11 juillet 2002, un groupe de gendarmes marocains prend position sur l'îlot et y plante le drapeau national. Le 17 juillet, après que l'OTAN a qualifié cette occupation de « geste inamical », l'armée espagnole déloge les soldats marocains sans rencontrer de résistance. À partir du 20 juillet, les États-Unis font office de médiateur et obtiennent rapidement un accord entre les deux belligérants, qui prévoit un retour au *statu quo*, favorable à l'Espagne. En mai 2004, Colin Powell, le secrétaire d'État américain qui a géré le dénouement de la crise, fera part au magazine *Gentlemen's Quarterly* de son énervement d'avoir dû consacrer deux jours de travail à cette « petite île stupide, pas même une île, un rocher »...

l'île de Persil et de faire pression sur l'Espagne en lui envoyant des milliers d'immigrés clandestins ». Il accuse aussi le royaume de « jouer la carte de la drogue pour déstabiliser son pouvoir ». Côté reproches, le Maroc n'est pas en reste. Dans les allées du pouvoir à Rabat, on recense ce qu'on interprète comme des tentatives de déstabilisation du Trône alaouite : étalage des passades amoureuses de la famille royale dans les magazines « people » espagnols, soutien aux gros bonnets de la drogue du Rif traditionnellement antimonarchique pour décrédibiliser le royaume auprès de l'Union européenne… On pointe même du doigt les services espagnols, soupçonnés de « pousser les Berbères à faire pression sur le jeune roi en menaçant de se révolter au cas où il ne répondrait pas à leurs revendications ethniques ».

Toujours selon cette note décidément instructive, Mohammed VI aurait alors mis en place avec la France une stratégie destinée à punir l'arrogante Espagne. Le jeune roi aurait donné des « consignes fermes » pour écarter les entreprises espagnoles des gros marchés et des appels d'offres au profit des sociétés françaises et américaines. C'est ainsi que le groupe Union Fenossa aurait été écarté « au dernier moment » de l'appel d'offres pour la gestion déléguée de l'eau, de l'électricité et de l'assainissement de Tanger-Tétouan, confiée au groupe français Vivendi. Dans la foulée, Rabat a annulé des commandes d'achats de chars et d'équipements militaires espagnols, en prétextant des « difficultés financières ». Pour les remplacer, Mohammed VI a dépêché alors à Washington son chef de l'armée de l'air. Formé aux États-Unis, ce dernier entretenait de bonnes relations avec ses homologues du Pentagone. Ses « confrères » lui signaleront toutefois que, l'Espagne étant une alliée à l'OTAN, ils ne pouvaient se permettre d'approvisionner le Maroc en armements susceptibles d'être utilisés contre celle-ci. Mais les Russes n'ont pas ce genre de contraintes... « C'est dans ce cadre qu'il faut expliquer la visite de Mohammed VI en Russie[14], [...] pour acheter l'équipement annulé avec l'Espagne et pour neutraliser la Russie dans l'affaire du Sahara », concluait la note du ministère français de la Défense.

Des contentieux de fond

Quatre ans plus tard, en 2006, tout cela n'est donc que mauvais souvenir. Mais la crise du début des années 2000 a révélé le premier talon d'Achille des relations entre les deux pays : la paix est d'abord une affaire de dirigeants. En effet, le peuple espagnol n'éprouve pas les mêmes sentiments envers le Maroc que les Français, par exemple. Comme le montrent les sondages réalisés par l'Institut Elcano, un *think tank* proche du Parti populaire (droite parlementaire), les Espagnols ont une mauvaise image des Marocains. Image détériorée de surcroît par les attentats de Madrid du 11 mars 2004, comme l'explique le chercheur espagnol spécialiste du monde arabe, Miguel Hernando de Larramendi : « Ils ont alimenté des préjugés et des clichés profondément ancrés dans les mentalités. Ceux-ci tendent à voir le "Marocain musulman" comme l'adversaire ancestral de l'"Espagnol chrétien". [...] Les attentats ont aussi contribué à ce qu'en Espagne l'image des Marocains se construise sur la religion et le débat sur le contrôle de la religion musulmane, majoritairement prêchée par des

---

14 En octobre 2002 ; le but de cette visite officielle, selon la presse marocaine, était d'instaurer un « partenariat stratégique » entre les deux pays.

immigrants venus du Maroc. Certains milieux conservateurs pensent que la politique d'immigration espagnole doit privilégier les Latino-Américains et les Européens de l'Est, jugés plus facilement "intégrables". Les chiffres du recensement de décembre 2003 révèlent d'ailleurs que la communauté équatorienne a supplanté la communauté marocaine en nombre [15]. »

Ce rejet est alimenté par les positions de Rabat dans le conflit du Sahara occidental. Autant le Premier ministre Zapatero est convaincu que la mode n'est plus à la naissance de micro-États, autant une partie de la société civile est favorable aux thèses indépendantistes du Front Polisario. Et, sur ce point, elle bénéficie du soutien des puissantes provinces espagnoles, éprises d'émancipation. En 2006, la plupart des humanitaires œuvrant dans les camps de réfugiés de Tindouf, en Algérie, étaient espagnols : depuis des années, médecins, psychologues, ophtalmologistes, etc., se relaient en permanence auprès des Sahraouis survivant dans la précarité. Les associations humanitaires se livrent aussi à un intense lobbying auprès de la presse et multiplient les opérations médiatiques, comme l'accueil, chaque été, d'un bon millier d'enfants de Tindouf dans des familles espagnoles.

Second point faible des relations hispano-marocaines : tant que les litiges de fond ne seront pas mis sur la table des négociations, le feu peut repartir à tout instant. Or, depuis de longues années, le Maroc et l'Espagne se sont affrontés en instrumentalisant l'un et l'autre ces dossiers, ou se sont réconciliés en les ignorant. Grave erreur, car ils agissent comme un véritable poison, pour les Marocains du moins. Le royaume revendique en effet depuis longtemps la

---

15 Entretien avec l'un des auteurs, juillet 2004.

restitution des enclaves de Ceuta et de Melilla, du fameux îlot Persil, des îles Jaafarines et d'autres micropossessions espagnoles en mer Méditerranée. À cela s'ajoute le problème de la délimitation définitive des eaux territoriales des îles Canaries, distantes de moins de soixante milles marins des côtes marocaines. Ce contentieux pourrait bien être à l'origine d'une nouvelle crise, pour peu qu'on y découvre un jour du pétrole de qualité. Même faible, la probabilité existe, puisqu'une entreprise pétrolière prospecte dans la zone... L'absence d'or noir en quantité nourrit justement le grand complexe des Marocains, qui enragent de voir le voisin algérien décoller économiquement grâce à sa rente pétrolière et s'attirer les bonnes grâces américaines.

9

L'ami Bush

Depuis l'accession au trône de Mohammed VI, le royaume s'est beaucoup rapproché des États-Unis, un peu trop enclins, à son goût, à lorgner le pétrole du voisin algérien. Objectif : s'assurer de la neutralité de l'Oncle Sam dans le dossier du Sahara occidental, qui constitue l'alpha et l'oméga de la diplomatie chérifienne. Au point de surprendre son monde en signant le 14 juin 2004 un accord de libre-échange avec Washington, au nez et à la barbe des Français, défenseurs du « dialogue euro-méditerranéen ». Au point aussi de se faire conseiller « presque au quotidien » par George Bush senior, le père du président américain élu en 2000 (et reconduit en 2004), comme nous le confiait en mars 2006 un diplomate marocain.

« Les Américains nous tiennent complètement »

Sentant sans doute sonner l'heure de la retraite pour Jacques Chirac, jusqu'alors le plus fervent défenseur du royaume, Mohammed VI et ses conseillers semblent avoir préféré assurer leurs arrières... Mais, à trop flirter avec les États-Unis, le Maroc est sous pression. Déjà en 2004, un haut fonctionnaire de Rabat lançait ce cri du cœur : « Les négociations avec les Américains sont très violentes. Tous les arguments sont utilisés, comme leur pouvoir sur les instances internationales, le FMI, la Banque mondiale... La marge de manœuvre pour un petit pays comme le Maroc est faible [1]. » Deux ans plus tard, cette marge semble s'être réduite comme peau de chagrin, ainsi que le déplorait cet autre diplomate : « Les Américains nous tiennent complètement avec le Sahara occidental. Aujourd'hui, on a la quasi-certitude qu'ils ne nous imposeront rien contre notre gré. Mais, en contrepartie, on en est réduit à faire la danse du ventre devant eux pour ne pas tout leur céder. Par exemple, pour l'application de l'accord de libre-échange, on essaie de leur faire comprendre qu'on ne veut pas être envahi par leurs produits pour ne pas tuer nos entreprises. En retour, ils peuvent à tout moment exiger une contrepartie politique... » Voire admonester l'ami marocain au profit de l'Algérie, « meilleur ennemi » du royaume.

C'est ce qu'a froidement fait, le 28 février 2006, le directeur du « bureau Maghreb » du département d'État américain, William Jordan. À l'issue d'une conférence de l'IFRI à Paris, il a déclaré en aparté que l'Algérie était en passe de devenir le « leader dans la région » et qu'elle était même le

1 *Le Journal hebdomadaire*, n° 157, 23-30 avril 2004.

« plus important partenaire » des États-Unis de par « sa capacité financière ». Difficile, en effet, avec un pays producteur de pétrole assis sur 66 milliards de dollars de réserves en devises, de jouer les donneurs de leçons... En revanche, avec le Maroc, Washington s'autorise quelques écarts de langage : les oranges marocaines pèsent moins lourd dans la balance que le pétrole algérien. Et William Jordan d'annoncer – toujours *off the record* – que l'Amérique y suivra de près les élections législatives de 2007, qu'elles constitueront le « repère pour mesurer le progrès du Maroc vers la vraie démocratisation ». Il en profite même pour émettre « quelques réserves » sur le scrutin de 2002 et sur l'« application de certains aspects de la loi sur la liberté d'expression »...

Le 19 septembre 2006, le président George W. Bush a enfoncé le clou lors de l'ouverture de la 61e session de l'Assemblée générale des Nations unies. Alors qu'il n'a pas prononcé une seule fois le nom du Maroc, il a cité l'Algérie en exemple, déclarant qu'elle « a tenu sa première élection présidentielle », en avril 2004, à laquelle se sont présentés « plusieurs candidats » et où « les militaires sont restés neutres » [2] ! Ces propos – ils ont fait sourire tous les connaisseurs de la politique algérienne, qui savent que ces élections n'ont rien changé à la réalité du pouvoir des « généraux de l'ombre », gestionnaires attentifs de leurs revenus occultes tirés de la rente pétrolière – n'engagent bien sûr que le président américain, mais les mots sont là. Hélas pour le royaume, depuis les attentats du 11 septembre, l'administration Bush se pique de démocratiser le monde arabo-musulman, « du Maroc au Pakistan ». Aux yeux de Washington, plus ouvert sur l'Occident et plus

2 Texte officiel en français disponible sur le site <http://usinfo.state.gov/>.

stable que bon nombre de pays arabes, le royaume a toutes les qualités requises pour devenir la jolie vitrine de ce rêve américain. Inutile de préciser qu'à chaque prêche sur la démocratie négligeant les efforts du Maroc, on tremble de fureur à Rabat.

Rien n'y fait, les responsables marocains ne s'habituent pas à ces remontrances ou ces piques qui fuitent inévitablement dans la presse. En décembre 2003, alors que Mohammed VI recevait à Marrakech le secrétaire d'État américain de l'époque, Colin Powell, ce dernier lui avait rappelé que « la répression du terrorisme devait se faire dans le respect des principes fondamentaux des droits de l'homme » – ce qui ne manquait pas de sel à l'heure des violations des droits de l'homme allégrement perpétrées par l'armée américaine à Abou Ghraib ou à Guantanamo –, avant de plaider en faveur de la libération du journaliste Ali Lmrabet, condamné à trois ans de prison ferme [3]. En juin 2004, le Maroc s'est vu décerner par George W. Bush le titre d'« allié majeur non Otan » pour son engagement dans la lutte contre le terrorisme islamiste et Mohammed VI a été élevé au rang de « dirigeant visionnaire au sein du monde arabe ». Pourtant, le président

---

3 Ali Lmrabet, rédacteur en chef des hebdomadaires *Demain magazine* et *Douman*, correspondant de Reporters sans frontières au Maroc, avait été condamné le 21 mai 2003 à quatre ans de prison ferme pour « outrage à la personne du roi », « atteinte à l'intégrité territoriale » et « atteinte au régime monarchique ». Moins d'un mois plus tard, sa peine était réduite à trois ans de prison. Cette condamnation a suscité à l'époque une vague d'indignation et Ali Lmrabet, qui a suivi une grève de la faim de quarante-huit jours, a bénéficié d'une puissante campagne internationale de soutien. Le journaliste a finalement été gracié par Mohammed VI, le 7 janvier 2004. Mais le régime a continué de s'acharner sur lui : en avril 2005, il a été condamné à dix ans d'interdiction d'exercer sa profession. Ali Lmrabet est depuis le correspondant au Maroc du quotidien espagnol *El Mundo*.

américain n'a pas jugé utile de le convier au sommet du G8 de Sea Island en juin 2004, alors que d'autres chefs d'État de pays « amis » de l'Amérique étaient de la partie : l'Algérie, le Ghana, le Nigéria, l'Afrique du Sud, la Jordanie, le Yémen, l'Ouganda et même Bahreïn…

Ce n'est là que la partie visible de l'iceberg. Dans les faits, depuis le milieu des années 2000, les États-Unis ne prennent même plus de gants pour s'ingérer dans les affaires intérieures du royaume. Courant 2005, des diplomates de l'ambassade américaine à Rabat contactent des responsables de publication. « L'objectif, se souvient Ali Amar, le directeur du *Journal hebdomadaire*, était de nous convier à un séminaire sur un programme développé par les États-Unis pour soutenir les ONG et les médias considérés par Washington comme des vecteurs de démocratie. Les Américains avaient constaté que les aides allouées aux gouvernements étaient dévoyées et n'arrivaient pas aux médias. Les diplomates de l'ambassade nous ont proposé d'envoyer des dossiers de candidature. » Le projet tombe vite à l'eau : les médias proches du pouvoir lancent une violente campagne contre ce qu'ils qualifient de tentative d'ingérence. « Ce qui était parfaitement grotesque, car ce même programme comportait un volet de mise à niveau de la justice marocaine et des juges ont profité de formations », pointe Ali Amar.

Peu après – faut-il y voir un lien de cause à effet ? –, le bruit court à Washington qu'on réprime la presse au royaume enchanté du Maroc. Des communiqués de l'ONG Reporters sans frontières dénoncent à juste titre qu'on y étouffe la presse indépendante au travers d'exorbitantes amendes pour diffamation après des procès au déroulement parfaitement farfelu. Des journalistes tout droit débarqués des États-Unis défilent en rang serré dans le bureau d'Aboubakr Jamaï, le directeur de publication du *Journal hebdomadaire*. Sa publication est honnie du pouvoir, qui multiplie les coups bas à son rencontre, dont ces fameux procès. Résultat, ce « proscrit de la monarchie », comme il se définit lui-même, décroche, très fier de lui, le gros lot dans *Time Magazine* : en mai 2006, il est élu par l'édition européenne du puissant hebdomadaire comme l'un des quatre « démocrates » du monde arabe qui résistent à leurs « régimes autoritaires ». Il y raconte dans le détail le harcèlement dont sa publication est victime, comme ces manifestations de barbus hirsutes organisées devant ses locaux par les autorités. Là encore, à Rabat, on étouffe un juron.

Washington au secours des « barbus »

Si le soutien à la presse indépendante irrite, le Palais frôle la crise de nerfs avec le coup de main donné par les Américains aux islamistes modérés. Le seul critère de sélection est qu'ils renoncent à la violence, l'opposition à la monarchie n'étant pas un problème aux yeux de Washington. Les reports successifs du procès de la pasionaria de Justice et Bienfaisance, Nadia Yassine, pour « atteinte à la monarchie » (une accusation très grave au royaume) en sont un signe. La rumeur court et l'intéressée ne s'en défend que mollement : ces reports seraient le fruit de pressions « amicales » de l'ambassade américaine. Autre indice allant dans ce sens : alors que Nadia Yassine se voit interdire de quitter le territoire marocain pour participer à une conférence en Allemagne, les autorités la laissent filer dès qu'il s'agit de faire la tournée des universités américaines.

Le soutien américain affiché et revendiqué au PJD embarrasse tout autant le régime de Mohammed VI. Selon deux politologues spécialistes de la scène politique marocaine, Khadija Mohsen-Finan et Malika Zeghal, la même ambassade américaine aurait, en 2002, signalé sa préférence pour une montée électorale du PJD « par paliers ». Et acté ainsi qu'elle s'arroge le droit d'assister le Maroc dans sa gestion du phénomène islamiste[4]. Dans un registre analogue, en juillet 2005, une note du cabinet privé américain Atlantic Intelligence estime que les États-Unis évoluent clairement « vers la recherche d'alternatives en cas d'écroulement de l'institution monarchique ». « Cette éventualité est désormais envisagée », enfonce Atlantic Intelligence, qui avance comme argument l'« incapacité du couple monarchie/partis politiques à structurer un espace public de confrontation des idées et des intérêts avec des mécanismes de contrôle par le bas ». La nature ayant horreur du vide, cet échec aurait ouvert « la possibilité d'une contestation destructrice, anarchique qui, généralement, se termine dans l'extrémisme politique ».

Un extrémisme devenu la hantise des États-Unis, expliquant que Washington officialise sans retenue son intérêt pour les « barbus » domestiqués du PJD. Selon *Le Journal hebdomadaire*, pendant que son secrétaire général Saâd Eddine El-Othmani rencontrait outre-Atlantique des ONG islamiques en mai 2006, il aurait été invité à présenter « aux décideurs à Washington un parti islamiste populaire avec lequel l'Amérique devrait faire affaire[5] ». Au même moment, un article consacré au PJD était publié sur le site web du service d'information du département d'État

4 *Revue française de science politique*, vol. 56, n° 1, février 2006.

5 *Le Journal hebdomadaire*, n° 253, 29 avril-5 mai 2006.

américain : il annonçait qu'un *think tank* américain (le CSID) avait décerné à Saâd Eddine El-Othmani la récompense de « démocrate musulman de l'année » [6]. Quelle bonne surprise !

Le rapport de septembre 2006 d'un autre *think tank* américain, le Carnegie Endowment for International Peace, que nous avons déjà cité, explique que, pour le gouvernement américain, entretenir de bonnes relations avec le PJD lui permet de montrer qu'il n'est pas contre des organisations islamiques, mais uniquement contre les extrémistes. Et que, de ce fait, « il n'y a rien d'étonnant que les leaders du PJD aient des contacts avec les officiels de l'ambassade américaine à Rabat, soient invités avec les leaders d'autres partis aux réceptions de l'ambassadeur et n'aient aucun problème à obtenir des visas pour les États-Unis [7] ».

Cette attitude commence à donner de l'urticaire aux proches du roi et à son entourage. Le conseiller Meziane Belfkih, connu pour sa discrétion et ses propos modérés en toutes circonstances, aurait même pesté publiquement contre un tel « interventionnisme » [8]. La presse aux ordres se fait, elle, un plaisir de rappeler que la rue marocaine gronde à l'évocation de la politique américaine en Irak et manifeste contre les bombardements israéliens au Liban à l'été 2006. On se défend comme on peut…

---

6 *Washington File*, 9 mai 2006. Texte en français disponible sur le site <http://usinfo.state.gov/>.

7 Marina Ottaway et Meredith Riley, « Morocco : from top-down reform to democratic transition ? », *loc. cit.*

8 *Le Journal hebdomadaire*, n° 253, 29 avril-5 mai 2006.

Plus de téléphone rouge avec l'Algérie

RAS. Rien à signaler. Comme d'habitude, les relations entre le Maroc et l'Algérie sont au plus bas, les tensions au plus haut et les récriminations en tout genre se multiplient. Et cela fait trente ans que ça dure...

Dans une étude de septembre 2006, la chercheuse Khadija Mohsen-Finan, chargée de recherches à l'Institut français des relations internationales (IFRI), revient sur les causes profondes d'un tel désamour. Pour elle, ce sont des conceptions radicalement différentes de l'État, du territoire et du droit international qui s'affrontent : « L'Algérie a délimité son territoire sur le front de l'époque coloniale. La nation algérienne s'est bâtie dans la lutte contre la colonisation et l'État est né en 1962 d'un référendum d'autodétermination. Au Maroc, le roi est le centre de gravité du système, on lui fait allégeance et on considère que la décolonisation n'est pas finie [9]. » Résultat : ces deux conceptions se cristallisent sur le dossier du Sahara occidental, donnant du grain à chacun pour houspiller l'autre.

Alors que le royaume revendique la « marocanité » du Sahara, Alger estime que seul un référendum d'autodétermination de la population sahraouie peut confirmer cette hypothèse. Or, Rabat rejette catégoriquement ce référendum, dont le principe a pourtant été voté par les Nations unies en 1991. Et Khadija Mohsen-Finan d'ajouter : « Ces deux pays ne sont pas des "frères", mais des "voisins", qui n'ont en commun qu'une frontière. Ce n'est pas parce qu'ils ont partagé le même colonisateur qu'ils doivent se ressembler. »

---

9 Catherine GRACIET, « Algérie version 2006 », *Le Journal hebdomadaire*, n° 270, 23-29 septembre 2006.

À ce fossé abyssal, s'ajoute une série de vexations que les deux pays s'infligent mutuellement. Sans même remonter à la fameuse « guerre des sables » de 1963, le Maroc reproche toujours à l'Algérie ce fameux discours du président Boumediene accusant la monarchie marocaine de « tourner le dos à la modernité ». Il garde aussi en travers de la gorge l'attitude blessante d'Alger qui, après les attentats de Casablanca de 2003, ne manquait pas de souligner que le paisible royaume était lui aussi confronté au terrorisme. Dans le camp adverse, les militaires algériens en veulent à Hassan II d'avoir comparé leur pays à un « laboratoire » alors qu'il était en proie à la barbarie islamiste. Le président Bouteflika se souvient, lui, de ce jour d'août 1999 – quatre mois à peine après son élection – où un commando islamiste ayant assassiné plusieurs familles algériennes a très probablement franchi la frontière pour se mettre à l'abri au Maroc. « Bouteflika a interprété cela comme une tentative délibérée du Maroc de le discréditer aux yeux de ceux, c'est-à-dire les généraux, qui l'ont fait président et lui ont confié la mission de pacifier le pays, se souvient un bon connaisseur du système algérien [10]. Pourtant, en 1996, il m avait confié que s'il était président un jour, sa priorité serait de normaliser les relations avec le Maroc. »

En dépit de ces rancœurs, du temps d'Hassan II les deux pays entretenaient un dialogue lointain. Dans une interview accordée à l'été 2006 au quotidien arabophone *Al-Qods*, basé à Londres, l'ancien ministre de l'Intérieur Driss Basri raconte qu'une rencontre entre Hassan II et Abdelaziz Bouteflika se profilait pour le mois d'août 1999. Hélas, la disparition du monarque marocain survenue le 23 juillet 1999 coupera court à un rapprochement. Avec le

10 *Le Journal hebdomadaire*, n° 270, 23-29 septembre 2006.

recul, il apparaît aussi que l'Algérie et le Maroc coopéraient sur les lignes rouges à ne pas franchir, notamment lors de la guerre au Sahara occidental. Dans son livre témoignage paru en septembre 2006, le commandant marocain Mahjoub Tobji, qui dirigeait une unité commando au début du conflit, raconte ainsi que sa hiérarchie ne lui donnait l'ordre de poursuivre le Polisario que plusieurs heures après que ce dernier eut attaqué [11]. Il rappelle aussi à juste titre qu'Hassan II avait ordonné de ne jamais franchir la frontière avec l'Algérie et ce, sous aucun prétexte.

Dans le camp adverse, les anecdotes allant dans ce sens ne manquent pas non plus. Elles laissent même penser que l'Algérie considérait la monarchie comme la clé de la stabilité du Maroc. Le Front Polisario parvient en 1991 à mettre la main sur une version arabe du livre de Gilles Perrault, *Notre ami le roi*, qui lève le voile sur les terribles années de plomb sous Hassan II [12]. Il la diffuse alors en épisodes sur la radio sahraouie émettant depuis Tindouf en Algérie, mais que l'on capte au Sahara occidental, en dehors des villes. Au bout de quelques épisodes, les Algériens demandent avec insistance au Polisario de mettre fin au feuilleton, en vertu d'une « requête exceptionnelle » du Palais royal. La même année, Hassan II libère plusieurs opposants détenus depuis de longues années, notamment dans le terrible bagne de Tazmamart [13]. Le Front Polisario tente alors de faire venir quelques-uns d'entre eux dans les campements de Tindouf. Certains acceptent le principe de cette visite. Ne restait à obtenir des Algériens que les laissez-passer nécessaires.

---

11 Mahjoub Tobji, *Les Officiers de Sa Majesté. Les dérives des généraux marocains, 1956-2006*, Fayard, Paris, 2006.

12 Catherine Graciet, « Algérie version 2006 », *loc. cit.*

13 Voir en particulier Ahmed Marzouki, *Tazmamart, cellule 10*, Paris-Méditerranée, Paris, 2001.

Jusqu'alors, le Polisario n'avait jamais rencontré de problèmes administratifs sérieux. Une semaine, deux semaines, un mois passent. Y avait-il un souci ? Visiblement, les Algériens bloquaient sur cette visite qui aurait pu avoir des effets désastreux pour le Maroc...

Depuis le décès d'Hassan II, il n'en serait plus ainsi, même si, sous pression américaine, les deux pays collaborent en matière d'antiterrorisme depuis les attentats du 11 septembre 2001 [14]. En août 2006, un haut diplomate marocain nous affirme que « le dialogue politique avec Alger en est vraiment au point mort. C'est silence radio ». Une réalité que confirme notre interlocuteur, bon connaisseur de l'Algérie : « Il n'y a plus de "téléphone rouge" entre les deux capitales. Les Algériens observent qu'ils n'ont plus d'interlocuteur stable ni fiable au Maroc. Je pense qu'ils relèvent que le Makhzen est éclaté entre plusieurs clans qui, faute d'arbitrage, se neutralisent les uns les autres et hésitent sur quel cheval miser. »

Cette mésentente entre voisins aigris handicape le Maroc à plus d'un titre. D'abord sur le plan économique. La décision algérienne de fermer la frontière en 1994 a torpillé l'économie de l'Oriental marocain [15]. L'ouverture de

---

14 Voir François SOUDAN, « Secrets d'État », *Jeune Afrique*, n° 2385, 24-30 septembre 2006. Ce bon connaisseur du Makhzen explique qu'à cette époque le chef de la DST marocaine, le général Laânigri, « met en place avec le voisin algérien des canaux de communication, puis de coopération, de plus en plus fructueux. Il se rend à plusieurs reprises à Alger, rencontre le général [Smaïl] Lamari [le numéro deux du DRS, les services secrets de l'armée algérienne], le président Bouteflika et se réjouit de voir les services des deux pays collaborer sans heurts dans le domaine de la lutte antiterroriste ».

15 En 1994, l'Algérie a fermé sa frontière avec le Maroc, en représailles – suite à un attentat dans un hôtel de Marrakech – à l'expulsion du royaume de ressortissants algériens et à l'instauration d'un visa pour

celle-ci entre 1988 et 1994 avait permis à cette région de décoller, car les touristes maghrébins, notamment algériens, affluaient en masse (en 1991, on en avait recensé plus de deux millions [16]). Douze ans après, les autorités locales s'échinent à chercher une alternative à la manne touristique envolée et l'Oriental dépérit doucement. Pire, la zone frontalière est devenue une plaque tournante de tous les trafics, surtout de carburant, mais aussi de haschich.

Autre handicap de taille pour le Maroc, diplomatique cette fois : un blocage complet sur le dossier du Sahara occidental. Longtemps incapable de proposer une solution, le royaume s'est trouvé un nouveau cheval de bataille en 2006 : l'autonomie du territoire sous souveraineté marocaine. Une solution que le Front Polisario et l'Algérie, partisans du référendum d'autodétermination préconisé par les Nations unies, ont immédiatement rejetée, sans même attendre que le contenu de l'offre marocaine soit connu (il ne l'était toujours pas fin octobre 2006). Conséquence pour le Maroc : décrédibilisé à l'ONU, il enrage de voir l'Algérie clamer à New York qu'elle, au moins, œuvre pour la légalité internationale. Il en est aussi réduit à courir après la neutralité « bienveillante » des cinq membres permanents du Conseil de sécurité des Nations unies. Et, avec le soutien de l'ami français, il tord le bras à plus pauvre que lui en Afrique, histoire d'arracher un soutien officiel à ses thèses sahariennes. À son époque, Hassan II compensait la discrétion du royaume à l'ONU par un rôle d'interlocuteur

---

ceux désirant s'y rendre. Douze ans plus tard, la frontière était toujours fermée.

16 Intervention d'Abdelkader Guitouni de l'université d'Oujda en 2002, lors d'une table ronde consacrée à « La voie du développement du Maroc ».

clé entre l'Occident et le monde arabe. Mohammed VI est, lui, aux abonnés absents.

Le Maroc au mieux avec le golfe Persique

À défaut de s'entendre avec son voisin arabe le plus proche, le Maroc de Mohammed VI peut se targuer d'entretenir de bonnes relations avec les États du golfe Persique. Le royaume n'a peut-être pas grand-chose à y vendre, mais il a su y tisser des réseaux fort utiles pour attirer les capitaux. Selon une note de contact datant d'avril 2002 et émanant du ministère français de la Défense, l'un des acteurs de ce dossier sensible – du moins à l'époque – ne serait autre que le prince Moulay Rachid, le frère cadet de Mohammed VI, deuxième dans l'ordre de succession au trône. Fêtard invétéré, dont les frasques font fantasmer le Tout-Rabat, il aurait géré avec son frère les relations entre le Maroc et l'Arabie saoudite deux ans avant la mort du père. Parfois en dépit du bon sens, ce qui fait dire à un fin connaisseur du Golfe : « Depuis le décès d'Hassan II, l'estime des Saoudiens pour la monarchie marocaine a chuté. Même si l'époque des largesses est finie, ils la soutiennent par solidarité monarchique. Rien de plus. »

Reste que les princes saoudiens aiment passer du bon temps au Maroc. Ainsi, Abdallah ben Abdel Aziz, qui a succédé au roi Fahd le 1er août 2005, s'y prélasse au minimum trois mois par an dans ses somptueux palais de Casablanca et de la forêt de Bouskoura. Il a même bâti un centre islamique à son nom, installé sur la corniche casablancaise, où se concentrent les établissements nocturnes les plus réputés de la ville. Idem pour Sultan Ben Abdel Aziz, le ministre saoudien de la Défense et prince héritier. Lui aussi se sent chez lui au royaume : palais à Agadir, luxueuse villa à Casablanca qu'il occupe durant de longues semaines. Entre monarchies, on trouve toujours des terrains d'entente. Dans le cas de l'Arabie saoudite et du Maroc, cela donne parfois lieu à quelques bizarreries.

La longévité de l'actuel ministre marocain des Affaires étrangères, Mohamed Benaïssa, est une de ces énigmes. En poste depuis avril 1999, cet homme à l'air bonasse et à la tignasse grisonnante est connu pour « ses erreurs commises et sa mauvaise réputation », comme on peut le lire dans la note de contact du ministère français de la Défense de 2002. Qu'importe ! À défaut d'être un as de la diplomatie, Benaïssa dispose d'une carte maîtresse : il est l'ami intime du prince Bandar ben Sultan, aussi connu sous le sobriquet de « Bandar Bush » en raison de ses affinités avec le clan du président américain. Ce flamboyant Saoudien, homme de réseaux par excellence, a œuvré vingt-deux ans durant comme ambassadeur d'Arabie saoudite aux États-Unis. Et, selon les barbouzes français, il a confié ses affaires immobilières à Mohamed Benaïssa, notamment à Marrakech, Essaouira et Assila. De quoi vous assurer longévité et respect au pays du Makhzen ! Troisième Marocain à détenir les clés de l'Arabie saoudite : Driss Basri, l'ancien grand vizir d'Hassan II, exilé de son plein gré en France. Il est très proche du ministre de l'Intérieur saoudien, le prince Nayef ben Abdel Aziz. D'après la note du ministère français de la Défense – qui, rappelons-le, date de 2002 –, il conseille même l'Arabie saoudite en matière de sécurité. Il se murmure en outre qu'il posséderait un passeport saoudien...

Les relations sont encore meilleures avec les Émirats arabes unis. Moulay Rachid était très proche du président émirati Cheikh Zayed, décédé en 2004, et il est resté l'un des meilleurs amis de son fils préféré, Abdallah ben Zayed, aujourd'hui ministre des Affaires étrangères. En mai 2002, il était même l'invité de marque de son mariage, célébré en grande pompe à Abou Dhabi. Comme pour l'Arabie saoudite, force est de constater que les seconds couteaux marocains s'emmêlent parfois les pinceaux entre business et politique. On peut lire dans la note du ministère français de la Défense qu'au début des années 2000 le conseiller privé du chef d'État émirati, Maneh Saïd al-Outaiba, a créé au Maroc la société d'investissements Liwa. Jusque-là, rien d'extraordinaire… À ceci près que son directeur général n'était autre que Mustapha Sahel, à l'époque wali de Rabat, qui allait devenir ministre de l'Intérieur puis ambassadeur du Maroc à l'ONU.

Mohammed VI et son frérot ont même réussi à rabibocher leur royaume avec le Koweït, malmené pendant de longues années par feu Hassan II. Le vieux monarque chérifien, taxé de « snob » par les Koweïtiens, n'a en effet jamais fait mystère de son tropisme irakien. « Hassan II était de cœur avec l'Irak », mentionne la note des militaires français. À tel point que le monarque aurait somptueusement hébergé une partie de la famille de Saddam Hussein dans l'un de ses palais de Rabat lors la première guerre du Golfe, après que l'Irak eut envahi le Koweït en 1990. Depuis l'avènement de Mohammed VI sur le trône, les médias marocains se dépêchent d'effacer de l'Histoire cet épisode peu glorieux. Ainsi, en octobre 2002, alors que Mohammed VI entamait une visite officielle au Koweït, la revue *Maroc Hebdo International* écrivait sans vergogne : « Les relations entre le Maroc et le Koweït n'ont jamais été mauvaises. Mais, en se mettant en frais en l'honneur du souverain, les Koweïtiens, à en croire leur presse, voulaient surtout rendre hommage au Maroc, qui s'était montré solidaire avec leur pays quand ce dernier fut, le 2 août 1990, envahi par les troupes irakiennes. » La presse koweïtienne a dû apprécier, mais ses journalistes ne lisent probablement pas ce type de support de communication...

Hélas, le charme du duo Mohammed VI-Moulay Rachid ne semble guère opérer avec le Qatar, qui entretient des relations en dents de scie avec le Maroc. Le royaume accuse ainsi Al-Jazira, la célèbre chaîne de télévision qatarie, de se livrer à un « antimarocanisme » primaire. Un argument que Rabat se plaît à manier dès qu'un organe de presse étranger égratigne le glorieux régime alaouite. Sont particulièrement décriés : un long entretien avec le leader du Front Polisario en 2005, les invitations récurrentes d'islamistes marocains à venir s'épancher sur les vicissitudes de la politique dans leur pays ou encore cette interview d'un dirigeant du mouvement berbère clamant que son peuple est victime de discrimination raciale.

Autre épisode plus récent de cette « guéguerre » : l'invitation en août 2006 par la chaîne qatarie de deux avocats marocains à l'une de ses émissions phare, « Au-delà de l'information ». L'audience promet d'être bonne : tous deux défendent les individus arrêtés lors du démantèlement de la présumée cellule terroriste baptisée « Jamaât Ansar El-Mahdi ». Cette opération, que nous avons déjà évoquée (voir *supra*, chapitre 1), fait alors les choux gras de la presse marocaine et trouve même un écho dans la presse occidentale. Pourtant, à aucun moment les autorités marocaines n'ont montré des images des armes qui auraient été saisies. Le doute s'installe. Et voilà que, devant des millions de téléspectateurs, nos deux hommes de droit déclarent sereinement que le dossier est « monté de toutes pièces ».

L'affaire dégénère illico en une mini-tempête médiatique et, trois jours plus tard, les deux insolents sont convoqués au tribunal de Rabat… Un comportement qualifié à l'époque par la presse de « réflexe sécuritaire », et qui trahit une certaine nervosité des autorités dès qu'il s'agit d'islamistes. De là à imaginer que la monarchie se sente en danger, il n'y a qu'un pas.

10

Quel avenir pour le Maroc ?

Des partis politiques au service de Sa Majesté, de puissants clans constitués sur la base du régionalisme, un entourage royal affairiste en proie à des luttes d'influences... En 2006, en dépit de ces tares, la monarchie marocaine conservait son autorité et sa supériorité sur les forces centrifuges à l'œuvre dans le royaume. Grâce à ses alliances nouées au sein du Makhzen – merci Hassan II – et à une pratique éhontée du clientélisme, elle continuait de régner en maître sur le pays. Mais cela ne fait que sept ans que Mohammed VI est sur le trône... Qu'en sera-t-il dans dix ou quinze ans ?

Le scénario de Justice et Bienfaisance

Il apparaît aujourd'hui clairement que les seuls capables de défier la monarchie et le système sont les islamistes. À savoir le Parti de la justice et du développement (PJD) et, surtout, Justice et Bienfaisance. Leur but ultime est d'instaurer un État islamique au Maroc ou, au moins, de « ré-islamiser » la société. Mais, dans l'immédiat, leur souci est plutôt de contraindre la monarchie à ouvrir la porte des réformes qui mettraient fin à son monopole politique. Or, comme le souligne à juste titre l'étude déjà citée du Carnegie Endowment for International Peace, « la monarchie n'abandonnera pas de son pouvoir si on ne fait pas pression sur elle ; et elle ne le fera pas non plus si elle se sent menacée [1] ». La marge de manœuvre est donc fort ténue. Et à ce petit jeu, fin 2006, Justice et Bienfaisance apparaissait le mieux placé.

D'abord parce que, contrairement au PJD, le mouvement n'a jamais participé aux élections. Ses responsables estiment que, « préfabriquées », elles servent à conforter le système en place. Tant qu'elles n'exprimeront pas la volonté du peuple, inutile donc de s'y salir les mains. Ce choix, qui s'apparente à un boycott électoral, isole certes le mouvement sur l'échiquier politique. Mais, en contrepartie, il lui permet d'afficher une « virginité » que les partis, PJD inclus, ont perdue. Au vu de la déliquescence du Landerneau politique marocain, cette « virginité » agit comme un argument de marketing politique efficace : « Nous avons acquis en trente ans de proximité sur le terrain la confiance d'une large partie de l'opinion. Nous ne voulons pas perdre notre crédibilité en nous impliquant dans un système pourri », estime Nadia Yassine, la fille du cheikh Yassine [2].

---

1 Marina Ottaway et Meredith Riley, « Morocco : from top-down reform to democratic transition ? », *loc. cit.*

2 *L'Express*, 20 septembre 2006.

Le PJD a, lui, fait le choix d'intégrer ce « système pourri ». Il se positionne bien sûr comme un parti d'opposition, surtout au Parlement, mais prend soin de ne pas s'opposer à la monarchie de manière frontale. Cette stratégie le contraint à faire des compromis et à se livrer à quelques revirements de position qui ne font pas l'unanimité dans ses propres rangs. Quant à sa base électorale, surtout la plus religieuse, le PJD ne dispose pas d'une « marge de main-d'œuvre infinie »[3].

La base de Justice et Bienfaisance est, elle, unie et acquise aux théories comme à l'autorité morale de son guide, le cheikh Yassine. Ce qui permet au mouvement d'être constant dans ses positions. Il demeure farouchement opposé à la Commanderie des croyants, du moins d'un point de vue religieux. Il parvient également à masquer ses dissensions internes, pourtant réelles. Les rares fois où celles-ci se sont exprimées en public se comptent à peine sur les doigts d'une main. Si un conflit est extériorisé, c'est celui qui oppose le mouvement au pouvoir. Aucun autre et gare au contrevenant : il risque tout bonnement de prendre la porte. Chez Justice et Bienfaisance, on ne badine pas avec la discipline.

Selon la théorie conçue dans les années 1970 et 1980 par Abdessalam Yassine, le but ultime est d'instaurer au Maroc un État islamique sur le modèle du califat. Même s'il ne s'en vante pas au premier venu, Justice et Bienfaisance ne s'en cache pas non plus. On peut ainsi lire, en arabe et en français, sur son site web aljamaa.com : « Tous ces sacrifices [pour atteindre notre but] sont plutôt insignifiants eu égard à ce qu'endurèrent le Prophète, paix et salut à Lui, et

---

3 Marina OTTAWAY et Meredith RILEY, « Morocco : from top-down reform to democratic transition ? », *loc. cit.*

ses fidèles compagnons pour nous transmettre l'Islam. C'est pourquoi nous prions Dieu que cette étape soit le prélude au triomphe du droit, de la justice, de l'égalité et de la clémence sous le règne d'un califat selon le modèle du Prophète et de ses califes, promesse de Dieu à Ses fidèles serviteurs prédite par le Prophète, paix et salut à Lui. »

Pour parvenir à ses fins califales, le mouvement a établi une stratégie complexe de prise du pouvoir qui repose sur le postulat suivant, présenté par l'islamologue Mohamed Darif : « On ne peut pas appliquer l'islam dans son aspect religieux ni soumettre les gens à sa jurisprudence en l'absence d'un pouvoir islamique en place. Le pouvoir est une condition *sine qua non* pour instaurer la *charia* islamique[4]. » Cette stratégie peut schématiquement se découper en cinq grandes étapes.

La première, déjà franchie, est la création d'une association religieuse, en l'occurrence Justice et Bienfaisance, chargée de préparer les conditions du changement et l'avènement d'un État islamiste. La deuxième correspond au lancement d'une « conférence nationale », véritable début de *choura*, qui rassemblerait « les consciences évoluées et les bonnes volontés ». Une conférence nationale que Nadia Yassine décrit de la sorte : « Elle permettrait de créer une véritable société civile qui serait un véritable contre-pouvoir, par opposition à une société civile créée par le pouvoir *via* les partis politiques qui se reconvertissent en une multitude de petites associations tout juste bonnes à colmater les brèches Cette conférence nationale penserait le Maroc de demain en dépassant la volonté de diviser pour mieux régner et en profitant du dénominateur commun que nous offre notre attachement tous autant que nous

4 Entretien avec l'un des auteurs, 18 octobre 2006.

sommes à l'identité musulmane ; identité qui transcende nos particularités exacerbées par le pouvoir. Le pacte islamique que nous proposons n'est pas pour nous un pacte d'exclusion, mais au contraire une plate-forme pour ramasser nos identités et faire pression sur un système cadenassé [5]. »

La troisième étape serait, à partir de cette conférence nationale, une « remise en question radicale de la Constitution ». Selon Nadia Yassine, cela permettrait, au niveau politique, la mise en route d'une « véritable démocratie avec un Parlement qui cesse de faire dans l'intercession et soit réellement représentatif, une séparation des pouvoirs, un État de droit avec des mesures radicales de lutte contre la corruption, un système judiciaire totalement indépendant et égalitaire, une véritable alternance [6] ». Au niveau économique, cela rendrait possible une « redistribution des biens afin de pouvoir faire redémarrer une économie moribonde ». Et, au niveau social, cela impliquerait « la priorité à l'éducation en optant pour une politique de sauvetage de l'enseignement par tous les moyens ».

« La quatrième étape est celle que nous appelons "appel à Dieu". Grâce à elle, nous pourrons sortir de la clandestinité dans laquelle le pouvoir nous cantonne pour mener à bien nos activités. Une fois l'embargo qui pèse sur nous levé, nous créerons alors des médias de masse pour communiquer avec le peuple, ainsi que des mosquées pour être en contact directement avec les fidèles, explique un cadre dirigeant de Justice et Bienfaisance. Mais avant tout cela, et c'est une étape

---

5 Texte extrait d'une conférence que Nadia Yassine aurait dû donner à Berlin, en Allemagne, le 21 février 2006, mais où elle n'a pas pu se rendre car, la veille, les autorités marocaines ne lui ont pas permis de quitter le territoire.

6 *Ibid.*

incontournable : dehors ce pouvoir et ce Makhzen qui empêchent la conférence nationale de se tenir. » C'est là qu'intervient la fameuse *Qawma*, cette révolution « non-violente » du peuple qui descend dans la rue réclamer le départ du pouvoir.

« Nous n'en sommes pas là, mais si on se réfère à ce schéma, on peut dire que les disciples du cheikh Yassine s'entraînent déjà à faire face à leur ennemi, le Makhzen, estimait à la mi-2006 le sociologue Saïd Lakhal[7]. Après les avoir tolérés pendant plus d'une décennie, les autorités tentent maintenant de limiter leurs activités et leurs rassemblements. Pour ne pas les faire passer pour des victimes, on évite de recourir à l'usage de la violence. Les islamistes exploitent la situation en distillant l'idée que si l'État leur interdit de se regrouper, c'est que l'État est contre Dieu et qu'il est impuissant puisqu'ils continuent quand même leurs activités. »

Les subtils calculs du mouvement du cheikh Yassine

Dans le Maroc de Mohammed VI, quelles chances a aujourd'hui Justice et Bienfaisance de parvenir à ses fins théoriques ? À en juger par la façon dont la monarchie se cramponne à ses prérogatives, il est hautement probable que le mouvement continue à profiter pendant de longues années de l'entêtement et des erreurs du Palais. Sans parler de l'aveuglement et de la vénalité des partis politiques traditionnels qui gravitent autour de celui-ci.

---

7 Entretien avec l'un des auteurs, 24 juin 2006.

Le royaume multiplie certes les efforts pour s'ouvrir à la démocratie, mais il n'en demeure pas moins une monarchie « exécutive » et absolue, où le roi continue de concentrer tous les pouvoirs. Et où il s'arrange avec les partis. Les conseillers de Mohammed VI, à savoir sa bande de copains qui agissent tel un *shadow cabinet*, se révèlent toujours incapables de renouveler la pratique politicienne. Ils perpétuent le jeu des dosages électoraux de l'ancien système, avec moins de talent que le tandem Hassan II-Driss Basri. Toutefois, la monarchie, qui n'est pas non plus née de la dernière pluie, continue de se positionner avec succès comme un arbitre suprême entre les acteurs susceptibles de la défier.

« Elle ne tisse jamais d'alliance avec un tel ou un tel, mais instrumentalise les contradictions de ceux qui la cernent. Par exemple, dans les années 1980, elle a utilisé le Mouvement de l'unicité et de la réforme (MUR), dont les membres allaient se retrouver au PJD, pour contrer Justice et Bienfaisance. Aujourd'hui, elle se sert des soufis pour faire face aux salafistes radicaux », analyse l'islamologue Mohamed Darif[8]. À bon escient cette fois. Car la menace terroriste reste malheureusement très élevée au Maroc – le démantèlement régulier de cellules djihadistes en témoigne – et la monarchie a impérativement besoin d'opposer un front religieux au radicalisme. Faute de pouvoir compter sur les partis politiques, parfaitement amorphes face au danger, elle a besoin, pour la première fois, de Justice et Bienfaisance. Et pour cause ! C'est une formation soufie et ils sont les seuls islamistes à avoir déclaré la guerre aux salafistes radicaux.

8 Entretien avec l'un des auteurs, 18 octobre 2006.

La balle serait donc dans le camp de Justice et Bienfaisance… Le mouvement acceptera-t-il un jour d'entrer en politique ou préférera-t-il suivre la voie hasardeuse de la *Qawma* ? En l'état du verrouillage de l'échiquier politique en 2006, il n'y a aucune chance que le mouvement franchisse le pas : il aurait tout à y perdre, à l'instar du PJD. Et il a tout à gagner à continuer de participer indirectement à la vie politique. Mais un élément risque de chambouler la donne : le décès du cheikh Yassine, âgé de soixante-dix-huit ans à l'automne 2006, et théoricien de la *Qawma*. « On distingue déjà trois courants chez Justice et Bienfaisance, nous explique Mohamed Darif : les "orthodoxes", représentés par les fidèles de la génération de Yassine ; les "attentistes", qui attendent de voir comment les choses évoluent ; et les "participationnistes", emmenés par cette génération de cadres trentenaires et quadragénaires qui veulent entrer en politique. »

Ces derniers évoluent essentiellement dans le Cercle politique, dont la création, en 1998, montrait déjà que Justice et Bienfaisance n'était pas insensible aux sirènes de la politique. Toujours selon Darif, Justice et Bienfaisance a, au travers du Cercle, envoyé plusieurs signaux au pouvoir : « Depuis 2001, il utilise son refus de reconnaissance de la Commanderie des croyants comme un argument plus religieux que politique. On peut l'interpréter comme la reconnaissance du roi en tant que chef d'État, mais pas comme leader religieux. Autre indice : dans un communiqué publié en novembre 2005, le Cercle appelle à la révision de la Constitution – et non à son remplacement par une autre – ainsi qu'à la préparation d'un programme politique. Quand l'un de ses dirigeants s'est vu interdire l'accès de son domicile où l'on a posé des scellés, il en a référé au tribunal administratif de sa ville. Là encore, on signifie que l'on reconnaît implicitement le système judiciaire. Enfin, la mode n'est plus aux révolutions islamistes comme dans les années 1980, mais plutôt à l'arrivée au pouvoir par d'autres moyens, comme le Hamas en Palestine. » À ces indices, on pourrait ajouter celui-ci, non négligeable : les cadres les plus brillants du mouvement, notamment les juristes et les économistes, étudient soigneusement des modèles de Constitution et des remèdes économiques qui ont fait leurs preuves sous d'autres cieux qu'au Maroc.

Le roi en première ligne

Certains clans du Makhzen sont farouchement opposés à l'idée de voir Justice et Bienfaisance débouler dans la vie politique du royaume, réglée comme du papier à musique. Parmi eux, on retrouve bien sûr les partis politiques traditionnels : l'immense pouvoir de mobilisation des islamistes les reléguerait aussitôt aux seconds rôles. Mais aussi ceux que l'on appelle les « sécuritaires », qui en matière de « barbus » se font volontiers éradicateurs, ainsi que certains militaires. Empêcher les islamistes d'arriver au pouvoir pourrait bien être leur dernière carte, eux qui étaient si puissants lorsque Mohammed VI est monté sur le trône en 1999 [9].

En effet, comme on l'a vu, le roi a surpris son monde au cours de l'été 2006, faisant le ménage autour de lui et

---

9 Selon un spécialiste des arcanes du pouvoir marocain, « la longévité de ces généraux et leur poids sur des dossiers comme la gestion des islamistes ou les relations avec le golfe Persique s'expliquent par la paresse de Mohammed VI, qui ne suit pas de façon continue les affaires du royaume. Les militaires ont exploité cette faille, évitant soigneusement d'apparaître au grand jour pour ne pas le délégitimer, car il se montre très pointilleux sur ce point ».

éloignant certains « sécuritaires » en vue. Parmi eux, le chef du renseignement militaire, le général Mohamed Belbachir, et le général Hamidou Laânigri. Ancien chef de la DST en poste au moment des attentats de Casablanca et patron de la Sûreté nationale jusqu'en septembre 2006, ce dernier a été relégué à un poste décoratif. Contesté pour ses méthodes policières, il présentait l'avantage de servir de paratonnerre à la colère des ONG de défense des droits de l'homme, mais l'inconvénient d'incarner un ordre ancien. Ces deux limogeages complètent le remplacement inédit à la tête du renseignement extérieur par un civil, Mohamed Yassine Mansouri, en février 2005. Ce poste était traditionnellement dévolu à un militaire et le dernier gradé à l'avoir occupé était l'influent général Abdelhak Kadiri.

Sept ans après la montée de Mohammed VI sur le trône, le clan des « sécuritaires » traditionnels était donc réduit à sa plus simple expression. Seul restait en poste le général Hosni Benslimane, patron de la Gendarmerie royale et, il est vrai, le plus puissant d'entre tous du fait notamment de son influence sur l'armée, donc plus difficilement déboulonnable. Mais, à l'automne 2006, beaucoup à Rabat le voyaient sur un siège rapidement éjectable. De fait, presque tout l'appareil sécuritaire marocain était entre les mains du roi et de sa bande de copains conseillers qui, du coup, se retrouvaient en première ligne.

Premier concerné, Fouad Ali El Himma, ce ferme partisan de la « logique de l'œil pour l'œil » face aux islamistes (voir *supra*, chapitre 3) : condisciple du roi au Collège royal, comme beaucoup de relations privilégiées de Mohammed VI, ministre délégué à l'Intérieur, Fouad est alors le *primus inter pares* parmi les proches du Palais. Les mauvaises langues disent de lui qu'il est le « Driss Basri » de Sa Majesté. En fait, il a vite appris ces dernières années, devenant à la surprise générale un fin politicien. Reste qu'il représente incontestablement la cheville ouvrière du dispositif qui s'est mis en place autour du monarque. Rien ne se fait sans lui et encore moins contre lui. Tout le prédestinait à de telles fonctions : de brillantes études supérieures en droit, un mandat électif au conseil municipal de Benguérir en 1992, un autre de député dans la province d'El-Kalaâ des Sraghnas, neuf longues années au ministère de l'Intérieur auprès de Basri, des fonctions de chef de cabinet du prince héritier, et enfin un poste de secrétaire d'État puis de ministre délégué à l'Intérieur.

Rusé et secret, il assimile vite et réagit plus vite encore face à l'imprévu. Il a su tisser des réseaux au Maroc comme à l'étranger. Considéré comme « profrançais », du moins jusqu'en 2004, il rencontrait pourtant un représentant de l'ambassade américaine au Maroc pour parler de démocratie et de terrorisme. Histoire de faire un discret chantage auprès de ses amis français : aidez-nous davantage, ou nous serons obligés de nous tourner vers les Américains. À en croire une note du ministère français de la Défense, notre homme n'a pas bonne réputation : il serait « très coléreux et détesté de l'entourage du roi ». Il y a quelques années, le ministre délégué a cru pouvoir convaincre le roi d'écarter le Premier ministre Jettou, qui entravait son irrésistible ascension. Mais Mohammed VI n'aime guère qu'on lui impose ses choix et n'a pas cédé. D'autant que Jettou a quelques atouts en poche... Autant dire qu'aujourd'hui le ministre délégué s'empresse de balayer d'un revers de manche les possibles querelles de préséance dans le sérail royal, qui procéderaient d'un « esprit simpliste » : « Sa Majesté a le droit de choisir ses collaborateurs, lâche-t-il, et d'avoir une méthode de travail qui s'adapte à son style [10]. »

---

10 *Jeune Afrique l'Intelligent*, n° 2326, 7-13 août 2005.

Outre Fouad Ali El Himma, Yassine Mansouri, le patron depuis le 15 février 2005 de la Direction générale des études et de la documentation (DGED), le pendant marocain de la DGSE, a également l'oreille de Mohammed VI. Né en 1962 à Boujaâd, le jeune Mohamed se fait remarquer en devenant le lauréat de l'université Benyoussef de Marrakech. Il est donc sélectionné pour poursuivre ses études avec le prince héritier, qu'il a accompagné tout au long de ses études. Classique, son début de carrière l'amène au ministère de l'Intérieur, au cabinet de Driss Basri. À l'avènement de Mohammed VI, il est nommé à la tête de l'agence officielle de presse Maghreb arabe presse (MAP), qu'il restructure en profondeur. Le roi le nomme ensuite à la tête de la direction générale des affaires intérieures au ministère du même nom, où il étoffe son carnet d'adresses aux États-Unis, en Espagne et dans les pays arabes. Sa discrétion et son énergie incitent Mohammed VI à le nommer, début 2005, à la tête de la DGED, qui coiffe l'ensemble du renseignement extérieur marocain. Au sein du nouvel appareil sécuritaire qui s'esquisse, Mansouri, qui bénéficie de l'entière confiance du roi, compose un personnage de sage et d'intello assez surprenant.

De par la proximité du duo El Himma-Mansouri avec Mohammed VI, ce dernier est étroitement associé à leurs faits et gestes. Qu'ils réussissent, et il sera le premier à en bénéficier ; qu'ils échouent, et il sera le premier à en pâtir. Au vu de cette configuration pour le moins inhabituelle, Mohammed VI se retrouve nu, exposé sans personne sur qui se défausser en cas de « pépin » sécuritaire. Cela est bien sûr valable en cas d'attentat terroriste, mais aussi en cas d'insurrection populaire.

Au royaume des jacqueries

Fin 2006, il était certes trop tôt pour se prononcer sur le sujet, d'autant que le Maroc connaissait, comme on l'a vu, une petite embellie économique. Mais force est de constater que la situation se détériorait sur le front social. Certains rapports alarmants circulaient depuis quelques mois dans les pays amis du Maroc, dénonçant une ambiance quasi insurrectionnelle au royaume.

Par exemple, dans la note de juillet 2005 de la société d'intelligence privée américaine Atlantic Intelligence que nous avons déjà citée (voir *supra*, chapitre 9), il était indiqué que, « du nord au sud, le pays connaît une poussée de fièvre contestataire ». « Pourquoi des citoyens à Midelt, Fès, Al-Hoceima, voire au Sahara, décident-ils de braver leur peur de la répression policière et de l'autorité du régime en général et descendent-ils dans la rue pour exprimer leur mécontentement ? s'interrogeaient ces analystes. Le phénomène n'est pas nouveau. Mais dans cette phase de blocage politique et d'incapacité de la monarchie à proposer une stratégie claire de développement, tant politique qu'économique et social, ces événements prennent une signification particulière. La focalisation sur les incidents survenus récemment au Sahara brouille l'analyse [11]. [...] La propension à tout mettre sur le dos des tentatives de déstabilisation du Front Polisario occulte une réalité amère pour le régime : son incapacité à rallier à la cause nationale les

---

11 Au cours de l'été 2005, de violentes manifestations ont opposé les forces de l'ordre à des Sahraouis mobilisés pour le référendum d'autodétermination préconisé par l'ONU et refusé par le Maroc. Un rapport du Haut-Commissariat aux droits de l'homme des Nations unies a dénoncé la violence avec laquelle les autorités marocaines ont réprimé ces manifestations.

habitants du Sahara en proposant un modèle de gouvernance respectueux des droits des citoyens et propice à la prospérité économique. Cette faillite est, à quelques variations près, à l'origine de la fronde qui s'exprime à travers le royaume. [...] Caractérisées par l'absence d'intermédiation, qu'elle soit politique ou syndicale, et par une volonté d'en découdre avec l'État, ces contestations semblent aujourd'hui durer et se multiplier. Le régime a épuisé sa capacité de cooptation, tout en perdant ses tentations répressives les plus radicales. C'était l'une des thèses du regretté chercheur français Rémy Leveau : le Makhzen n'aura jamais les ressources nécessaires pour perpétuer son système de corruption des élites et de financement d'un semblant de système de solidarité sociale, prétendait-il. »

Un an après ce constat sévère, la situation sociale ne s'est guère améliorée, c'est le moins que l'on puisse dire. En 2005 et 2006, le Maroc a connu des jacqueries de « diplômés chômeurs » : regroupés en un mouvement national, ceux-ci organisaient des sit-ins quotidiens devant le Parlement de Rabat, violemment dispersés par la police, ainsi que des opérations coups de poing, allant jusqu'à des immolations par le feu. On pourrait également citer le cas de ces pauvres hères de la ville de Bouarfa, à la frontière avec l'Algérie, qui, au cours de l'été 2006, se sont révoltés contre leur sort en avançant une revendication des plus étranges, révélatrice à la fois de leur désespoir et de leur ignorance de la situation tout aussi dramatique de leurs homologues algériens : ils ont menacé d'émigrer collectivement en Algérie, aux cris de « Mohammed VI nous affame, Bouteflika nous nourrira ! ».

Phénomène nouveau au Maroc, certaines explosions de colère populaire étaient coordonnées par des associations de droits de l'homme implantées dans tout le pays. C'est ce qui s'est passé en octobre 2006 avec des manifestations contre l'augmentation du prix des denrées de première nécessité, de l'eau et de l'électricité, comme l'a révélé *Le Journal hebdomadaire* [12]. Quelques centaines de personnes vivant dans les quartiers populaires des grandes villes du royaume se sont révoltées contre la cherté de la vie, ne comprenant pas pourquoi on les accablait de la sorte, alors que le régime se gargarisait de la bonne santé économique du pays. Ces mini-soulèvements se sont multipliés, à l'initiative notamment de l'Association marocaine des droits de l'homme (AMDH), l'une des grandes ONG du royaume. En septembre 2006, celle-ci a même constitué avec une vingtaine d'autres structures une « Coordination nationale de lutte contre la hausse des prix ». Les partis politiques, y compris ceux de gauche, restaient quant à eux aux abonnés absents...

Face au risque d'une révolution à l'iranienne, le scénario « techno-sécuritaire »

Confrontés à cette réalité, les spécialistes les plus lucides se montraient sceptiques sur la stabilité du régime. Ainsi Mohamed Darif, qui nous expliquait octobre 2006 : « Si le Maroc ne décolle pas économiquement et si la monarchie n'est pas capable de répondre aux attentes de la population, alors, oui, toutes les conditions d'une révolution à l'iranienne seront réunies. On devra envisager l'hypothèse

---

12 Hicham HOUDAIFA, « Hausse des prix, la fronde s'organise », *Le Journal hebdomadaire*, n° 273, 14-20 octobre 2006. En neuf mois, les prix des denrées de première nécessité (lait, légumes, viande de volaille, confiture, beurre, eau minérale et levure) avaient augmenté en moyenne de 3,3 % ; la hausse du prix de l'eau et de l'électricité était de 7 %.

qu'un acteur politique réformiste, qui utilise la religion pour mobiliser les foules, émerge et s'impose.

Quel sera alors l'événement qui mettra le feu aux poudres et attisera la révolte sociale ? Un attentat terroriste ? Un énorme scandale financier impliquant des hommes clés de l'appareil d'État de Mohammed VI ? Une nouvelle insurrection au Sahara occidental ? Le déclenchement d'une émeute de la misère à Casablanca ? Les hypothèses ne manquaient pas et toutes étaient plausibles.

Cette situation à risque n'échappait évidemment pas aux responsables de l'armée, la seule force encore structurée du Maroc avec Justice et Bienfaisance. À en croire Driss Basri, « il y a quelques militaires qui piaffent et qui voudraient remettre le pays dans l'ordre monarchique [13] ». Échaudés par le blocage sur le dossier du Sahara occidental, ceux-là répandaient leur venin au sujet des copains conseillers de Sa Majesté, les traitant de « pitres ». « Si on me demande de mater une insurrection, vers qui retournerai-je mes canons ? » a même glissé, perfide, un général de la place.

Face au désordre social et au « péril islamiste », certains technocrates, à Rabat, étaient également tentés par des solutions musclées. Sans prendre de précautions excessives, ils véhiculaient des thèses profondément hostiles au système : un certain entourage de Mohammed VI serait seul comptable de la faillite sociale du régime. À les entendre, mieux vaudrait prendre ses distances avec la monarchie... Ces oiseaux de mauvais augure méditaient avec complaisance l'expérience Pinochet des années 1970, cette alliance des militaires chiliens et des fameux *Chicago's boys*, élèves de Milton Friedman et adeptes de l'ultralibéralisme comme

13 Entretien avec l'un des auteurs, premier trimestre 2006.

ciment. Ils se situaient donc aux antipodes de la méthode douce choisie par Mohammed VI pour sortir le pays de l'ornière.

Aux yeux de ces radicaux ultralibéraux, l'échec de cinquante ans d'indépendance serait avant tout celui du verrouillage du champ économique par le Palais. Leur message est désormais clair : nous, les technocrates et les politiques qui avons été nommés à la tête des grands offices et des ministères économiques, nous nous sommes toujours trouvés en situation de dépendance hiérarchique. Donnez-nous les pleins pouvoirs et nous développerons le pays. Voilà les propos que l'on pouvait entendre dès le milieu des années 2000, lors des multiples réunions et séminaires d'anciens élèves des grandes écoles d'ingénieurs françaises ou marocaines. Ces thèses étaient relayées auprès de leurs amis français du Medef, où ces comploteurs en chambre expliquaient en 2005 : « La monarchie ne doit plus jouer qu'un rôle symbolique, à nous de prendre les manettes. » Lors d'une rencontre avec les responsables de l'Agence française de développement, ces rebelles auraient employé l'expression de « révolution blanche », à l'instar des « révolution de velours », « révolution des tulipes » et autres « révolutions orange » des pays de l'ex-bloc soviétique. « Économiquement, le Maroc est mort. » Ou encore : « Ce ne sont pas les technos qui ont échoué, c'est le Makhzen. »

Prêchant une loyauté de façade, ces technocrates méprisent le Makhzen et ne cessent de le dénigrer auprès de leurs contacts à l'étranger, lors des innombrables colloques et conférences auxquels ils participent. Ils ne cachent pas non plus leur profond dédain vis-à-vis des « jeunes gens » composant l'entourage de Mohammed VI. Au sein de l'élite marocaine, le gouffre entre la technocratie et le Makhzen s'élargit...

Cette évolution pourrait-elle conduire à un changement majeur ? Toujours est-il que ce qui s'esquissait en 2006 pourrait demain se cristalliser dans une alliance entre ces technos et les militaires ou les sécuritaires. Les liens entre les deux mondes ont toujours existé, les interpénétrations au sein de cette nomenklatura sont nombreuses. Leur alliance pourrait reposer sur la base suivante :

– placer le roi dans une fonction honorifique et lui enlever toute fonction gouvernante ;

– opérer une division du travail avec les militaires selon le fameux modèle chilien de Pinochet : ouverture économique libérale totale et reprise en main musclée de tous ceux qui franchissent les lignes rouges ;

– remplacer les trois cents cadres dirigeants du pays par des affidés loyaux issus des associations d'élèves des grandes écoles ;

– faire les yeux doux aux Américains qui pourraient bénir une telle alliance. Elle serait créditée d'une plus grande fermeté sécuritaire et d'une plus grande ouverture libérale que le régime actuel, paradoxalement suspecté de mollesse et d'inconsistance.

Un comité de sécurité militaire pourrait alors se mettre en place et nommer un gouvernement de technocrates dont la mission serait de redresser l'économie du pays et de verrouiller sévèrement le champ politique pour neutraliser les islamistes. Lâché par les États-Unis, le roi endosserait le coup d'État et se contenterait d'un rôle symbolique. Si Mohammed VI venait à se rebiffer, les militaires auraient une solution de rechange : Moulay Rachid. Ce n'est un secret pour personne : resté en contact avec Driss Bassi, par l'intermédiaire d'un de ses fils, duquel il est proche, l'homme est frustré, s'estime trop peu écouté par son frère de roi qui lui préfère ses anciens copains d'études.

Le sursaut du roi, unique porte de sortie ?

La chute du régime marocain serait-elle programmée ? Le règne de Mohammed VI est entré en tout cas dans une zone de turbulences où il joue rien moins que sa survie à long terme. Entre incapacité à résorber le chômage de masse comme à résoudre le conflit du Sahara occidental, entre incapacité à se réformer politiquement et voracité économique, entre incapacité à juguler l'islamisme radical et à enrayer l'immigration clandestine, la monarchie s'est jetée dans l'œil du cyclone. Toute seule. Même l'ami français, pourtant prévenant à son égard, n'a pu l'en empêcher. Alors que le Maroc vit un profond désarroi social, le contrôle de l'appareil sécuritaire reste l'une des dernières cartes du régime. Risqué... Tout au long de l'Histoire, l'effondrement de régimes forts et autoritaires a montré que la force sans la légitimité est une voie sans issue.

Personnage sans doute sincère, Mohammed VI tarde à faire ses preuves alors que le compte à rebours a commencé. Son entourage, médiocre et affairiste, porte une lourde responsabilité dans ce retard à l'allumage. C'est maintenant clair : ces professionnels de l'agitation courtisane et de la gesticulation médiatique ne seront à la hauteur ni des attentes des Marocains ni des épreuves islamistes que connaîtra le Maroc. Quel crédit faut-il alors accorder aux signes de réforme du début du règne de Mohammed VI : s'agit-il d'effets d'annonce sans lendemain ou ce roi entrera-t-il dans l'Histoire ? Le pire n'étant pas toujours le plus probable, la personnalité imprévisible de Mohammed VI et sa fibre sociale peuvent donner lieu à des retournements inattendus, surtout en cas de crise majeure.

Faisons alors un rêve pour le Maroc... Imaginons un instant que les rapports des services secrets étrangers se fassent de plus en plus alarmants et que la crise économique et sociale batte tous les records, transformant le Maroc en un pays « subsahélien », pour paraphraser la Banque mondiale. Imaginons que les émeutes de la misère se généralisent à toutes les villes du royaume, que les revenus de la narco-économie du Nord dépassent l'entendement. Imaginons surtout que, prévenu par ses pairs arabes, Mohammed VI subisse un véritable électrochoc. Son trône est en jeu si ce n'est sa vie. Profondément choqué, le roi se ressaisit. Il fait le ménage dans son proche entourage, limogeant corrompus et incompétents, et fait appel à des hommes neufs. Leur mission : nettoyer le pays sans état d'âme et redonner confiance aux Marocains.

Imaginons aussi que Mohammed VI acte enfin que la monarchie ne peut plus concentrer tous les pouvoirs entre ses mains. Elle ne peut déjà plus s'offrir le luxe d'attendre que de jeunes leaders poussent à la retraite les vieux dirigeants des partis politiques traditionnels qui se repaissent des petits arrangements mesquins du Makhzen. Ouvrir le jeu électoral sans restrictions à ceux que le peuple choisira, former un gouvernement exécutif, accepter un Parlement sorti des urnes demeurent les seuls moyens d'éviter à terme un raz-de-marée islamiste incontrôlable et son corollaire, la radicalisation de l'aile sécuritaire du régime. Car, aujourd'hui, la question n'est plus de savoir si le Maroc est islamiste ou non, mais plutôt de se demander quand cette réalité se concrétisera au niveau politique. Cette prise de conscience ainsi qu'une rénovation de fond en comble de l'institution monarchique sont le prix à payer pour sa survie. Et pour faire entrer le Maroc dans le XXIe siècle.

Table

BUSSIÈRE
GROUPE CPI

Composition Facompo, Lisieux
Impression réalisée sur Cameron
à Saint-Amand-Montrond (Cher).
Dépôt légal du 1er tirage : décembre 2006.
Suite du 1er tirage (2) : décembre 2006.
N° d'impression : 064453/1.
Imprimé en France